고려대
명강사
최고위과정 21기

고려대
명강사
최고위과정 21기

1판 1쇄 펴낸날 2025년 7월 5일

지은이 권오득·김태은·김흥식·나정자·문진희·손옥수·심은주·윤진순·
윤혁경·이진숙·이진의·장소진·장환희·정행복·진태훈
펴낸이 나성원
펴낸곳 나비의활주로

책임편집 김정웅
디자인 BIG WAVE

전화 070-7643-7272
팩스 02-6499-0595
전자우편 butterflyrun@naver.com
출판등록 제2010-000138호
상표등록 제40-1362154호
ISBN 979-11-93110-68-3 03320

※ 이 책은 저작권법에 따라 보호받는 저작물이므로 무단 전제와 무단 복제를 금지하며,
  이 책의 내용을 전부 또는 일부를 이용하려면 반드시 저작권자와 도서출판 나비의활주로의
  서면 동의를 받아야 합니다.

※ 책값은 뒤표지에 있습니다.
※ 잘못된 책은 구입하신 곳에서 바꾸어드립니다.

고려대학교 미래교육원 명강사 25시

고려대 명강사
최고위과정 21기

권오득, 김태은, 김흥식, 나정자, 문진희, 손옥수, 심은주, 윤진순
윤혁경, 이진숙, 이진의, 장소진, 장환희, 정행복, 지태훈 지음

나비의 활주로

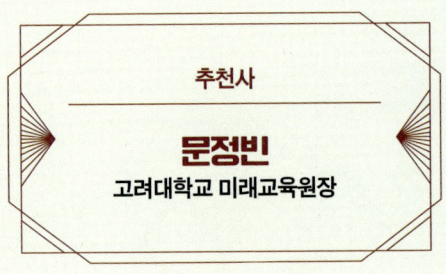

추천사
문정빈
고려대학교 미래교육원장

안녕하세요.

고려대명강사최고위과정 21기가 16주간의 과정을 마치고 그 결과물인 『명강사 25시』를 출간하게 된 것을 진심으로 축하드립니다.

우리는 글로벌 기후 변화, 미-중 패권 경쟁, 생성형 인공지능으로 대표되는 신기술의 눈부신 발달 등으로 인한 역동적인 변화를 겪으며 살고 있습니다. 특히 대한민국은 '다이내믹 코리아'라는 별칭에서도 알 수 있듯이 이러한 변화들의 최전선에 서 있으며, 그만큼 변화의 속도도 빠르고 그 방향도 다양합니다. 이러한 불확실한 상황을 헤쳐 나가기 위해서는 인간과 자연에 대한 깊은 이해를 바탕으로 한 예리한 분석과 함께, 과감하게 올바른 결정을 내릴 수 있는 용기와 지혜가 동시에 필요합니다.

본 고려대명강사최고위과정은 지난 10여 년간 각 분야의 전문 강사님들께서 참여하신 가운데 정교한 커리큘럼을 통하여 400여 명에 달하는 전문강사들을 배출함으로써 고려대학교 미래교육원의

대표적인 프로그램으로 자리매김하였습니다. 이렇게 배출된 전문 강사들은 대한민국은 물론 지구촌 곳곳에서 대두되는 주요 현안들에 대해 치밀한 관찰과 정밀한 분석을 통하여 수준 높은 강의안을 만들고, 이를 수요자들에게 맞춤 강의 형태로 전달하는 중차대한 역할을 해 왔고 또 앞으로도 계속 해 나갈 것입니다. 『명강사 25시』는 이렇게 양성된 해당 기수 수료생들이 참여하여 집중적인 집필교육 및 연구를 통해서 완성된 매우 높은 수준의 결과물입니다.

다시 한 번 명강사 25시 출간을 위하여 애쓰신 집필자 분들께 심심한 감사의 말씀을 드리고, 또한 우리 사회에 산적한 복잡다양한 문제들을 해결하는 데에 있어서 본 저서의 옥고들이 독자들에게 솔로몬의 지혜로 다가가게 될 것을 기대하며 축하의 글을 마치고자 합니다.

발간사
나정자
원우회장

    고려대학교가 민족대학으로 설립된 지 120주년이 되는 뜻깊은 해, 전통으로 이어온 지혜와 지식을 함께 나누고자 15명의 명강사님들께서 자발적으로 한마음으로 참여해 『명강사 25시』가 탄생하였습니다. 열정과 헌신으로 함께해주신 명강사님들께 깊은 감사를 드립니다.

    특히 '21기'라는 숫자는 제21대 대한민국 대통령의 시대와도 맞물려, 시대의 변화와 흐름 속에서 새로운 가치를 전하고자 하는 명강사로서의 사명감과 비전을 함께 나누는 인연이 되었습니다. 『명강사 25시』라는 제목에는 하루 24시간을 넘어서는 또 하나의 시간, 즉 열정과 사명으로 살아가는 명강사의 시간을 담고자 하였습니다.

    이 책이 세상에 나오기까지, 아낌없는 격려와 추천사를 보내주신 고려대학교 미래교육원 문정빈 원장님, 물심양면으로 도움을 주신 유민호 차장님께 깊이 감사드립니다. 또한, 1기부터 21기까지 묵묵히 명강사 과정을 이끌어주신 서일정 대표강사님과 언제나 헌신적

인 교육과 실천을 함께해주신 조영순·이문재 운영강사님께도 진심으로 감사드립니다.

　원고 집필과 편집 과정에서 든든한 중심이 되어주신 공저회장 이진의 명강사님, 공저위원장 장소진·심은주·강용석 명강사님의 따뜻한 리더십과 봉사정신은 깊은 울림을 주었습니다. 덕분에 이 책은 단순한 글 모음이 아닌, 마음을 나누고 가치를 전하는 지혜의 서書로 탄생할 수 있었습니다.

　사랑하는 21기 명강사 여러분, 우리가 함께했던 '소화재타임'처럼 유쾌하고 따뜻했던 순간들을 오래도록 기억하며, 언제 어디서나 서로의 디딤돌이자 버팀목이 되어줍시다. 우리는 말로 세상을 움직이는 '명강사'입니다. 지혜롭고 유쾌하게, 화합하며 도전하는 그 길 위에서 반드시 다시 만나길 소망합니다.

2025년 7월 5일
총괄원우회장 나정자 올림

CONTENTS

004　**추천사** 문정빈(고려대학교 미래교육원장)
006　**발간사** 나정자(원우회장)

CHAPTER 1　카르페디엠 아포리즘 권오득

CHAPTER 2　우리 몸은 오케스트라다 김태은

　　034　몸은 종합예술이다
　　036　인간은 자연과 함께 진화한 존재이다
　　039　자연과의 단절이 정신건강에 미치는 영향
　　042　기의 출입과 순환
　　045　인간의 노화(Aging)

CHAPTER 3　사회적 연결, 희망과 비전으로 빛나는 제2막 김흥식

　　052　프롤로그
　　054　연결의 힘으로 새롭게 태어나다
　　057　가족, 헌신과 사랑의 토대 위에 서다
　　061　긍정심리학, 희망과 감사를 나누는 삶
　　066　에필로그

CHAPTER 4　내 부모는 남의 손에 나정자

　　070　초고령화 시대의 자식들
　　074　요양사 지원
　　077　보호자의 인식 개선
　　082　노인장기요양보험제도의 현실과 과제에 대한 제언

CHAPTER 5 말의 무게 - 침묵 너머, 진심을 심판하다 문진희

- 088 프롤로그
- 091 모두가 말하지만, 아무도 듣지 않는다
- 094 오해받는 침묵, 말하지 않을 용기
- 098 나는 진실을 말한다, 그러나 다르게
- 102 진실을 향한 휘슬, 심판을 하며 배운 리더십과 말의 용기
- 106 심판은 외롭다, 그러나 정의롭다 - 그라운드 위의 외로운 결정자
- 110 내가 배운 리더십은 청렴, 공정, 용기
- 114 에필로그 - "당신은 지금, 누군가의 진실에 귀 기울이고 있습니까?"

CHAPTER 6 산티아고(Santiago) 너머 회복력 치유의 길 손옥수

- 120 산티아고 길 위의 첫 발자국 흔적 남기기
- 124 먼 길 위의 까미노
- 128 길 위에서의 변화 시작
- 131 숲에서의 치유 여정
- 134 삶의 변곡점에서 온 숨으로
- 137 몸, 마음의 변화
- 140 다시 산티아고의 바람으로

CHAPTER 7 RED. BLUE.. SILVER... 카멜레온 금융교육 전문강사 심은주

- 144 프롤로그
- 145 RED: Next Challenge, 새로움에 대한 도전, 금융교육 전문강사
- 152 BLUE: Next Step, 아날로그와 디지털, 그 너머 AI
- 157 SILVER: Next Life, 당신에게 남은 나이는 몇 살입니까?
- 163 에필로그

CHAPTER 8 스트레스(Stress)는 모든 병의 시작이다 윤진순

- 168 생명을 이루는 세 가지 원소
- 170 스트레스는 세으뜸의 균형을 깨뜨린다
- 174 종교 중심에도 마음이 있다
- 177 마음이 운명을 만든다
- 180 마음이 힘들면 꿈도 사납다

CHAPTER 9　100세까지, 행복한 부부로 살아남기 윤혁경

- 186　프롤로그 - 부부 생존 통계학
- 187　성격 차이의 미로, 왜 우리는 이렇게 다를까?
- 189　말투가 다른 우리, 지역이 만든 차이
- 190　세대 차이 백서, 라떼는 말이야~
- 192　집안 DNA, 가풍도 유전된다
- 194　지갑 속 자란 기억, 돈에 대한 감각
- 196　MBTI보다 더 복잡한 우리
- 198　사랑을 이해하는 수준의 차이
- 199　화성 남자와 금성 여자
- 202　에필로그: 끝까지 썸 타는 100년 프로젝트

CHAPTER 10　말 안 해도 알아준다는 착각 - 관계가 어긋나는 순간들 이진숙

- 206　프롤로그
- 207　'말하지 않아도 통하는 사이'는 없다
- 210　'진심'은 왜 자꾸 엇갈릴까?
- 212　들어주는 척 말고 진짜 들어주는 법
- 215　'좋은 사람'이 되는 걸 멈춰야 관계가 편해진다
- 217　자연스러운 관계는 만들어진다
- 220　나의 이야기: 상담학을 만나다
- 222　에필로그

CHAPTER 11　트로트로 한잔할래? 이진의

- 226　프롤로그: 시대의 마음을 읽다
- 227　〈미스터 트롯〉 시즌 1, 무대 뒤 진짜 이야기
- 233　트로트의 새 지평을 연 국민 오디션, 인기 비밀을 파헤치다
- 237　나의 트로트 이야기

CHAPTER 12　강사의 첫인상이 강의 성패를 좌우한다 장소진

- 242　프롤로그
- 244　첫인상이 브랜드가 된다
- 248　퍼스널 브랜딩을 위한 이미지 설계 전략
- 252　지속 가능한 강사 브랜딩 전략
- 256　에필로그
- 260　고려대명강사최고위과정을 마치며

CHAPTER 13 산 넘고 물 건너 걸어온 길 장환희

- 264 프롤로그
- 266 따뜻한 봄날의 어린 시절
- 271 뜨거웠던 여름의 젊은 날
- 275 고즈넉한 내 가을의 뜨락
- 278 즐기고 있는 나의 일
- 280 에필로그

CHAPTER 14 노후 준비, 내일을 위한 오늘의 선물 정행복

- 284 노후 준비, 왜 지금 시작해야 할까?
- 286 노후에는 다양한 리스크가 존재한다
- 288 국민연금, 퇴직연금, 개인연금 전략적 활용법
- 291 다양한 수입원 구축하기
- 293 위험을 대비한 경제적 준비
- 296 풍요로운 노년을 위한 정서적 준비
- 299 더불어 함께하는 노후의 삶: 관계를 가꾸는 법
- 301 외로움을 이기는 생활 습관 만들기
- 304 나다운 노년을 설계하다
- 307 60의 봄 나들이 - 정행복
- 310 에필로그: 지금, 노후를 선물하세요
- 311 파트별 핵심 포인트

CHAPTER 15 120세로 항해하는 유쾌한 인생 지태훈

- 318 인생 62년, 나를 만든 시간
- 321 축구, 인생 후반전의 전술 - 땀으로 이어지는 웃음
- 323 골프, 내 마음을 다스리는 예술 - 취미는 삶을 풍요롭게 만든다
- 326 나이 들어도 나답게 사는 법 - 은퇴 후에도 내 삶의 중심을 지키는 법
- 329 유쾌한 인생, 행복한 동행 - 웃음으로 삶을 지키고, 함께 걸어가는 기쁨
- 332 인생은 지금이 항해일 뿐이야
- 335 120세로 향한 미소, 그 마지막 페이지에

권오득
**고려대명강사최고위 21기
사무총장**

Mobile
010-2660-6080

Email
odkwon0179@naver.com

○ **학력 및 경력 사항**
· 한양대학교 교육학과 졸업
· 방송통신대 경영학과를 졸업
· 서울대학교 고급금융과정(6개월) 수료
· 현 한국가스공사 재직(차장)
· 2014년 '맨즈헬스 쿨가이 선발대회' 24명 중 최고령 쿨가이(9기)로 선발
· 2024년 동국대학교 시니어모델 입문반/심화반 수료

○ **강의 분야**
· 윤리경영, 청렴 도덕, 부패 방지, 뷰티풀라이프(행복 및 성장 분야) 설계

○ **자격 사항**
· 명강의명강사 1급
· 기업강사자격 1급
· 평생교육강사 1급
· 리더십지도사 1급
· 인성지도사 1급
· 스피치지도사 1급
· 부모교육상담사 1급
· 노인교육상담사 1급

○ **저서**
· 고려대 명강사 25시(공저): 카르페디엠 아포리즘
· 부패의 팔팔법칙
· 뷰티풀라이프 88 1·2권
· 생각을 벗삼아

CHAPTER 1

카르페디엠 아포리즘

겨우 여덟 음절만으로도 온 세상을 눈부시게 만들 수 있다.
당신을 사랑합니다. 당신은 특별합니다.
오늘도 행복하세요. 당신은 나의 봄이다.
단 1초로도 사람을 감동시키는 마법이 일어난다.
지금 내 옆에 있는 가족, 친구, 동료와 이웃에게
"고마워요, 힘내세요, 축하해요, 좋아요, 괜찮아요"라고 말해줘라.

사는 것도 무섭지만 죽는 건 더 무섭다. 금은보화에 파묻힌 시체보다, 산 채로 똥통에 빠진 게 낫다. 매일 죽음으로 달려가지만 살아있음에 대한 무한 감사와 가족에 대한 무한 사랑을 품고 생으로 질주해라.

지금 이 순간을 사랑하라. 다음은 덕 시니어가 쓴 「너무 늦기 전에」란 시다.

그 남자는 부자가 되어야 행복할 것이다.
그러기 전까지는 그는 형편없는 인간에 불과하다.
그가 편협한 생각을 갖고 있는 건지는 모르지만
그는 남에게 친절 따위를 베풀 시간이 없다.
그 여자는 뚱뚱하다.
그래서 아무도 그녀를 사랑하지 않는다.
자신이 왜 이런 불행을 타고났는지
그녀는 이해할 수 없다.
효과적인 다이어트 법을 발견하기 전까지는
세상은 그녀에게 재미없는 곳이다.
(…)
하지만 그들은 너무 오래 기다렸다.
왜냐하면 그들은 모두 죽었으니까.

공정한 세상을 말로만 떠드는 수다쟁이, 짓밟힌 정의를 바라만 보는 자, 꿈만 꾸는 몽상가에게 '그날'은 오지 않는다. 모든 것은 타이밍이다. 인간은 시간 속에서만 살아있다. 지금 이 순간 즐거움을 만끽하는 자가 주인이다.

언젠가는 '언젠가'일 뿐이다. 'Someday'는 영원한 'Someday'다. 누군가를 진정으로 돕고 싶다면 지금 도와라. 지금 돕지 않으면 앞으로도 도울 수 없다. 가족과 여행하고 싶다면, 지금 떠나라. 지금 떠나지 않으면 앞으로도 가족여행은 없다. 아울러 설렘과 즐거움도 퇴색된다. 누군가가 그립다면 지금 당장 만나라.

옛 성현들이 아름다운 소리라고 말한 달빛 아래 노랫소리, 바람 따라 들려오는 피리 소리, 첫날 밤 신부의 치마끈 푸는 소리도 일상 속 즐거움이다. "산봉우리만 삶이 아니다." 지금 내 앞에 삶을 사랑해라. 뜨겁게 하루를 일하고 난 뒤, 칼칼한 김치 칼국수 국물이 목구멍을 타고 넘어가면서 나오는 '아'라는 탄성에 온몸이 따뜻해진다.

현실은 지리멸렬하니 화려한 생을 꿈꾼다. 내 모습은 초라하니 아름다운 자태를 선망한다. 오늘보다 오지 않을 내일에 매달리고, 곁의 사람보다 잡을 수 없는 사람을 추앙한다. 현실보다 환상에 취한다. 죽음을 앞두고 그토록 비루하고 지루했던 일상이 행복이었다는 걸 깨닫는다.

'지금을 즐기라'는 카르페디엠과 '오늘 밤까지 살라. 그리고 영원히 살라'는 메멘토 모리, '운명을 사랑하라'는 아모르 파티가 결합하면 궁극의 행복이다. 두 번은 없다. 다음 생은 없다.

문턱증후군에 갇히지 마라. 문턱만 넘으면, 퇴직만 하면, 집만 사면, 아들이 좋은 직장에 합격만 하면, 결혼만 하면 좋아진다는 건 허망한 주술이다. 지금 행복하지 않다면 그런 날은 오지 않는다.

『우리들의 행복한 시절』에 "나는 다시 꼭지가 돌게 술을 마시기 시작했다. 불쌍한 사람과 가련한 희생자들은 거리마다 차고 넘쳤다. 사연 없는 불행이 있을까. 억울하지 않았던 슬픔이 있을까…"라는 대사가 목에 걸린다. 한 많은 과거에 갇히지 말고, 불행과 고통을 뚫고 행복해라.

"노를 젓다가 노를 놓쳐버렸다. 비로소 넓은 물을 돌아다보았다." 내가 처한 현실이다. 노를 놓쳐 버린 게 너무 고맙다. 나를 돌아보고, 지나온 발자국을 되돌아본다. 가진 것보다 잃은 것에 대한 집착에 사로잡혀, 가진 것에 감사할 줄 몰랐다. 탐욕과 집착을 벗어나지 못한다는 점에서 세상은 '바보들의 천국'이다.

봄엔 가을 낭만을 원하고, 가을엔 약동하는 봄을 기다렸다. 힘들수록 추억으로 숨었고, 희망이 사라질수록 환상에 취해 망가져 가면서 결심

했다. 지금을 즐기자고. 완벽하지 못한 현재를 좋아하자고. 완벽해질 미래보다 완벽하지 못한 나를 사랑하자 일상에서 웃을 일이 많아졌다.

김종해 시인은 "사라져 가는 것보다 아름다운 것은 없다. '안녕히'라고 인사하고 떠나는 저녁은 짧아서 아름답다."라고 했다.

『신과의 인터뷰』(작자 미상)에서 "내가 물었다. '인간에게서 가장 놀라운 점이 무엇인가요?' 신이 대답했다. '어린 시절이 지루하다고 서둘러 어른이 되는 것. 그러고는 다시 어린 시절로 되돌아가기를 갈망하는 것. 돈을 벌기 위해 건강을 잃어버리는 것. 그리고 건강을 되찾기 위해 돈을 다 잃는 것. 미래를 염려하느라 현재를 놓쳐 버리는 것. 그리하여 결국 현재에도 미래에도 살지 못하는 것. 결코 죽지 않을 것처럼 사는 것. 그러고는 결코 살아 본 적이 없는 듯 무의미하게 죽는 것"이라고 했다.

양성우 시인은 「살아 있는 것은 아름답다」에서 "이 순간에, 서 있거나 움직이거나 상관없이 살아있는 것은 아름답다. 오직 하나, 살아있다는 이유만으로 그것들은 무엇이나 눈물겹게 아름답다."라고 했다.

박노해 시인은 「아직과 이미 사이」에서 "'아직'에 절망할 때 '이미'를 보아. 문제 속에 있는 답안지처럼 겨울 속에 들어찬 햇봄처럼 현실 속에 이미 와 있는 미래를. 아직 오지 않은 좋은 세상에 절망할 때 우리 속에 이미 와 있는 좋은 삶들을 보아. 아직 피지 않은 꽃을 보기 위해선 먼저 허리 굽혀 흙과 뿌리를 보살피듯 우리 곁의 이미를 품고 길러야 해."라고 푸른 희망을 노래했다.

홍영철 시인은 「그 많던 내일은 다 어디 갔을까」에서 "내일은 언제나 만나지지 않았다. 내일은 언제나 오늘이 되었고, 오늘은 언제나 인내처럼 쓰고 상처처럼 아렸다. (…) 내일은 끝없이 내일이고. 오늘은 텅 빈 꿈처럼 끔찍이도 허전하다."라고 했다.

지금 이 순간에 충실해라. 충실히 산다는 의미는 사람마다 다르다. 감당할 수 없다고 도전하지 않고, 버틸 수 없다고 인내하지 않을 때, 우리는 그냥 산다. 과거, 미래와 연결된 '지금 이 순간'에 모든 것을 쏟아붓는 게 충만이다. 죽을 듯한 고통이라도 즐겁게 감내할 수 있다면 도전해라. 숨이 멎을 것 같더라도 견딜 수 있다면 인내하라. 삶을 충만하게 산다는 것은 지금 즐겁게, 치열하게 사는 거다. 웃어도 하루고, 울어도 하루다. 현재에 하는 투자가 미래의 투자다.

죽음 같은 고통도 뇌의 장난이다. 자살 시도에서 살아나면 재시도하지 않는다. 오히려 삶에 집착이 강해진다. 아이를 악어에게 잃은 부모도 산다. 자책도 죄책감도 갖지 마라. 처음엔 모든 게 끝났다고 생각하지만 자식이 없어도 또 살아진다.

일 년에 한 번 365볼트 전율할 행복보다 매일 1볼트 작은 즐거움이 좋다. 너무 큰 환희는 심장마비 위험성을 높인다. 10명이 사는 마을에 총 재산이 10억이다. 한 명이 10억을 다 갖고 나머진 무일푼이다. 다른 마을엔 열 명이 제각각 1억이다. 행복과 나눔, 사랑의 핵심은 빈도와 분포다. 많은 사람이 자주 누릴수록 더 가치 있다.

그날이 오면 죽을 날만 가깝다. 기대했던 행복은 없다. 허망함과 공허함, 늙은 몸과 더 늙어버린 마음만 남는다. 이젠 여행할 시간과 돈은 있지만 욕망도 에너지도 없다. 돈은 저축할 수 있지만, 행복이나 건강, 즐거움은 유예하고 저축한다고 돈처럼 쌓이지 않는다.

즐거움과 웃음, 행복은 그때그때 느끼고 누려라. 죽을 날을 애타게 기다리는 미망에서 깨어날수록 나와 가족이 더 많이 웃는다. 환한 얼굴로 빙그레 웃는 모습, 지금, 이 순간을 즐겁게 보내는 사람이 승리자다.

야한 생각은 본능이요, 자연스러운 감정이다. 이성에 관심 없고, 몽정 경험도, 몽정이 뭔지도 모르는 청소년, 야동에 대한 갈증도 경험도 없는 청년이 더 위험하다.

야한 생각은 더러운 게 아니라 늘 푸른 마음이다. 야한 생각을 하기에 사랑이 있고, 패션이 있고, 예술이 있고, 문화가 창발한다. 야한 생각은 인류 문명을 꽃피게 하는 자양분이다. 야한 생각은 밤낮 순환만큼 자연스럽다.

간극이 클수록 갈등도 커진다. 따라서 현재 애인과 이상형, 지금 하는 일과 하고픈 일, 내가 생각하는 나와 남이 평가하는 나는 간극이 없을수록 좋다. 원하는 것, 좋아하는 것, 필요한 것, 사랑하는 것 사이에 간극도 그렇다. 지금 하고 있거나 좋아하는 일이 하고 싶거나 바라는 일보다 중요하다. 현재가 늘 미래보다 가치 있다.

현각스님은 "순간경! 이 커피향을 맡는 순간, 걷고 이야기하고 시장에 가는 모든 순간, 뺨에 스치는 바람을 느끼고, 애인과 포옹하면서 감촉을 느끼는 순간, 순간, 순간…."이라 했다. 닭이 알을 낳듯이, "즐거움이 즐거움을 낳는다."

해가 질 때는 이 순간이 지나면 삶이 끝나는 것처럼 절망적으로 사랑해라. 해가 뜰 때는 새로운 삶이 시작되는 것처럼 열정적으로 사랑해라. 순간순간을 최대한 몰입하고 즐겨라.

웃음과 미소처럼 세상 모든 건 강약이 있다. 강한 공감과 약한 공감, 큰 행복과 사소한 행복, 단단한 유대와 느슨한 유대로 나눈다. 하나 행복은 강도보다 빈도가 중요하기에 작은 미소, 약한 공감, 사소한 행복,

완두콩 유대에 관심 갖고 집중할수록 행복도가 높아진다. 큰 웃음, 공감과 헌신이 일상의 중심축이라는 착각에서 깨어나라. 현실을 수용할수록 일상에서 가끔씩 강렬한 환희가 선물처럼 찾아온다.

『그리스인 조르바』에는 이런 말이 나온다. "어정쩡하다 보면 아무 짓도 못하지요. 내게 중요한 것은 오늘, 이 순간에 일어나는 일입니다. 나는 자신 있게 묻지요. '조르바, 지금 이 순간에 자네 뭐 하는가?' '잠자고 있네' '그럼 잘 자게' '일하고 있네' '잘해보게' '여자에게 키스하고 있네' '조르바 잘해보게' '키스할 동안 딴 일일랑 잊어버리게' 이 세상에는 아무것도 없네, 자네와 그 여자밖에는. 키스나 실컷 하게."

행복 유예는 없다. 현재 가치가 미래 가치보다 크다는 건, 노년 행복은 가치가 떨어진다는 말이 아니다. 현재에 충실하면서 행복 경험을 축적할수록 미래에도 행복할 가능성이 높다. 지금 행복에 집중하는 것이 미래 행복을 위한 투자다.

아, 깬다, 깨어있다, 깨닫는다. 사랑할 수 있을 때, 사랑하고 싶을 때 맘껏 사랑할수록 사랑이 오래 지속된다. 그럼에도 환상은 깨지고, 사랑은 식는다.

일생 동안 사용할 수 있는 두뇌, 근육, 웃음, 행복 양이 정해져 있는지,

아닌지 나는 모른다. 내가 아는 건 주어진 모든 것을 죽기 전에 다 쓰고 간다는 거다.

큰 틀과 방향은 쉽게 바뀌지 않기에 먼저 디테일을 바꾸고 수정해라. 그러다 보면 초침과 시침처럼 큰 틀도 변한다. 이를 두고 어제와 다른 말, 다른 행동, 다른 의견, 다른 판단, 다른 선택이라고 욕하지 마라. 이건 말 바꿈, 변절과 배신, 위선이 아니다. 오히려 변함없는 게 문제다. 흐르는 의식과 경험 속에서 시선과 시점에 따라 모든 게 변하고 달라진다. 옳다고 생각된다면 행동과 결정을 바꾸는 게 균형이다. 돈과 꿈, 좋아하고, 싫어하는 일, 하고픈 일과 하기 싫은 일, 관심과 무관심, 끌림과 거부가 함께할수록 일상이 잘 돌아간다. 세상이 미시적으로는 불공평하고 불공정해 보여도 거시적으로는 균형 속에서 작동한다.

백마 타고 오는 초인은 없다. 기다리는 초인은 오지 않는다. 행복도 유예하지 마라. 걸을 수 있을 때 걷고, 웃을 수 있을 때 웃고, 즐거움이 마음속에서 올라올 때마다 '팡' 하고 터뜨려라. 삶은 웃음이다. 웃음 잃은 일상은 소금 없는 음식이다. 친절 가면과 예의 가면은 관계를 훈훈하게 하지만, 미세먼지나 바이러스 침투 방지를 위한 마스크는 웃음을 잡아먹는다. 코로나 시대를 거치면서 잃어버린 게 표정과 웃음, 지체된 정서발달이다. 국가가 국민 웃음에 냉소적인 건 범죄다. 일상에 웃음꽃이 만발하게 하는 것 역시 국가 역할이다. 그럼에도 그런 정책을 기다리지 말고 지금 웃자.

　지금 즐겁게 웃는 게 삶의 전부요, 생존 증거다. 따라서 지금 웃고 즐거워해라. 서부영화 〈쉐인〉 마지막 결투장면에서 "증명해보라."라는 말과 동시에 총구에서 불을 뿜는다. 나의 생존 증명은 지금 웃고 춤추고 노래하기다. 한 치 앞도 모르는 생에서 징징거리고 증오하면서 생존을 증명하지 마라. 즐겁게 웃으면서 내 생존과 실존을 증명해라. 지금 웃고 춤추고 노래하고 즐겁지 않다면 열반과 해탈, 정의와 공정도 헛소리다.

　감정과 감성은 소모품처럼 고갈되지 않는다. "아끼면 똥 된다."라는 말이 있다. 이 말처럼 지금 배려하고 존중하며, 나누고 베풀고 책임지는 행동을 해라. 좋은 마음은 샘솟는 옹달샘과 같다. 죽을 때까지 아끼지 말아라. 기쁨에서 활기와 생기, 용기가 뿜어진다. 우리가 걱정해야 할 것은 늙음이 아니라 녹　이다. "살 때는 삶에 철저해 그 전부를 살아야 하고, 죽을 때는 죽음에 철저해 그 전부가 죽어야 한다."

　현재를 산다는 것은 과거와 미래까지 합쳐서 현재를 들어 올리는 것이다. 지금 최선을 다한다는 건 과거, 미래, 현재가 밀착 협력한 최대치 열정 발휘다. 인생 도약을 위해선 끊임없는 수행과 노력이 필요하다.

　카르페디엠은 지금 열심히 놀고, 먹고 싶은 대로 먹고, 하고 싶은 대로 하라는 게 아니다. 과거와 현재, 미래 경험을 모두 녹여서 즐겁게 살기다. 카르페디엠은 엄격한 절제일 수도, 몰입일 수도, 하고 싶은 활동을 위한 집중적 노력일 수도 있다. 때론 폭식이고, 빗속의 질주요, 불꽃 속으로 뛰어듦이고, 눈물을 머금고 돌아섬이요, 과감한 포기다. 카르페디엠은 정답이 없다. 기분이 좋다면 정크푸드도, 가벼운 일탈도 좋다. 긴 호흡으로 전진하면 된다. 카르페디엠은 모범생보다는 모험생과 친하기에 균형을 잃지 않는 한, 모험적 일탈도 괜찮다.

지금까지 기술 발달은 카르페디엠과 궤를 같이하면서 여가 시간을 증가시켰다. 하지만 초인공지능을 장착한 휴머노이드 로봇이 보편화되면 카르페디엠과 엇박자를 내면서 대다수에게서 일자리를 빼앗고, 즐겁게 노는 시간을 앗아간다.

"오늘이 남은 내 생애에서 가장 젊고 예쁜 날이다."라는 말은 짠하면서도 좋다. 세상에 하찮은 건 없다. 지금 내 앞에 놓인 모든 것이 중요하고 대단하며 멋지다.

정현종 시인은 「모든 순간이 다 꽃봉오리인 것을」에서 "모든 순간이 다아/꽃봉오리인 것을/내 열심을 따라 피어날/꽃봉오리인 것을!/그때 그 사람이/그때 그 물건이/노다지였을지도 모르는데/더 열심히 파고들고/더 열심히 말을 걸고/더 열심히 귀 기울이고/더 열심히 사랑할 걸"이라고 했다.

돌아가신 뒤 진수성찬이 살아계실 때 술 한 잔만 못하고, 지금 먹고 있는 게 가장 좋은 음식이다. 언제 어디서나 원하는 것으로 달려가고, 지금 맛보고 느끼고 즐겨라. 잔잔하고 푸르른 아침 바닷가를 걷는다. 예쁘게 핀 봄꽃 향기를 맡는다. 내 말에 웃음 짓는 당신을 안는다. 내 마음을 매혹으로 물들이는 모든 것을 사랑한다. 롱펠로우는 「인생 찬가」에서 "이 세상 넓디넓은 싸움터에서/인생의 노정 안에서/발 없이 쫓기는 짐승처럼 되지 말고/싸움에 이기는 영웅이 되라 (…) 행동하라. 살아 있는 현재에 행동하라."라고 했다.

'소확행'이란 말은 하루키 수필집에서 유래한다. 그는 행복을 "갓 구운 빵을 손으로 찢어 먹는 것, 서랍 안에 반듯하게 접어 넣은 속옷이 잔뜩 쌓여있는 것, 새로 산 정결한 면 냄새를 풍기는 하얀 셔츠를 머리에서부터 뒤집어쓸 때 기분"이라고 정의했다.

자유는 주어지는 것이 아니라, 누리는 것이다. 자유를 누리는 자가 진정한 자유인이다. 누군가의 말처럼, 사과 한 상자 가진 사람보다 사과 하나를 깨물고 그 맛을 아는 게 행복이다. 자유는 주어지는 게 아니라 창조적으로 만들어가는 행위다. 자기 삶을 주도할수록 자유는 확장된다.

옆집 잔디가 더 푸르러 보이며, 남의 떡이 더 맛있어 보이는 건 착시요 착각이지만 또한 진실이다. 부족하더라도 가진 것에 만족하는 게 최고다.

자유에 날개를 달아라. 이동순은 시 「동물원에서」에서 "원숭아 원숭아 (…) 온종일 우리 속에 갇혀서만 있으니/네 가슴이 얼마나 답답하겠니/이봐요 사람 양반/당신은 나를 답답하다 하지만/난 당신이 외려 불쌍하게 보이는구려/허구한 날 아이들은 꾸중 속에/갑갑한 시험과 부자유 속에/여자들은 속박 속에/남자들은 철조망 속에/노인들은 텅 빈 방에/청년들은 감옥 속에 (…) 갇혀서도 꼼짝달싹 못하는 인간들이/나는 측은해 보여요. (…)"라고 했다.

박경리 시인은 「견딜 수 없는 것」에서 "차마 견딜 수 없는 것은 사람의 눈이더군. 나보다 못산다 하여, 나보다 잘산다 하여, 나보다 잘났다 하여, 나보다 못났다 하여, 검이 되고 화살이 되는 그 쾌락의 눈동자 견딜 수가 없었다."라고 했지만, 두 눈 부릅뜨고 타인을 쳐다보면서 시선을 견디다 보면 어느새 타인 시선이 포근해진다.

자유는 여자다. 무시하고 무관심한 남자에 관심이 커지고, 나쁜 남자에 집착하는 반면에 쫓아오면 도망간다. 자유는 남자다. 따라다니면 흥미를 잃고, 냉정하고 도도한 여성을 좋아한다. 자유는 끌어당기고 끌리는 매력이다. 지금 누군가와 밀당하면서 사랑하고, 무언가에 몰입하면서도 여유롭다면 당신은 자유다.

매일매일 새롭고 설렌다. 연극 1막과 2막 사이에 어둠은 옷을 갈아입으라는 뜻이고, 하루가 밤과 낮으로 이루어진 건 매일매일 새로운 생각으로 살라는 뜻이다.

김혜자 씨가 백상예술대상 시상식에서 한 말이다. "이 세상에 태어난 이상 당신은 이 모든 걸 누릴 자격이 있습니다. 후회만 가득한 과거와 불안하기만 한 미래 때문에 지금을 망치지 마세요. 오늘을 살아가세요. 눈이 부시게." 내일의 꿀 한 단지보다는 오늘의 엿 한 가락이 낫다

인간이란 자신이 살아온 과거와 단절할 수 없다. 틈만 나면 과거가 나를 충동질하고 흔들기에, 오롯이 지금에 충실하기 어렵다. 과거는 세트로 움직이면서 계속 반복되기에, 지금 즐겁게 사는 게 원치 않는 영원회귀를 끊는 유일한 길이다. 현재가 과거를 결정한다.

밥 먹고 차 마시고 산책하는 일상이 좋다. 이를 사랑하는 사람과 함께 하면 더 좋다. 매일매일 사시사철이 좋다. 여름을 태우는 태양, 살을 파고드는 겨울 추위, 집 앞에 가을 단풍, 온몸 세포를 깨우는 봄 내음이 좋다. 만인이 내 스승이고, 스쳐 가는 사람도 정겹다.

실패만큼 인간은 커진다. 단테의 『신곡』에 나오는 지옥 입구에는 "이곳에 들어오는 자, 희망을 버려라."라고 쓰여 있다. 이는 꿈, 희망, 비전 없는 삶이 지옥이라는 건데 내 생각은 현실이 즐겁지 않고, 지금 웃지 않는 게 지옥이다. 이유를 불문하고 지금 웃고 즐겁다면 그곳이 천국이다.

영화 시작 1, 2분 만에 판단하는 건 성급하나 10분 안에 흥미가 안 생기면 99% 보고 나서 후회한다. 시청을 멈추거나 다른 영화로 바꿔라.

삶은 수많은 희망과 기대, 기다림이라는 고리로 연결된다. 남들이 부러워하는 대학과 좋은 직장에 들어가면, 미인이나 부자와 결혼하면, 높은 자리에 올라 거드름피우며 살면, 은퇴 후 가족과 세계를 여행하면, 더 많은 돈을 벌고 더 높은 지위에 오르면 행복할 것이다. 이를 위해 지금 가족여행, 결혼기념일 선물도 미룬다. 하지만 막상 그날이 오면 죽을 날이 코앞이다. 기대했던 행복보다는 허망함과 공허함, 병들고 늙은 몸과 소 불알처럼 늘어진 마음만 남는다. 이젠 여행할 시간과 돈은 있지만 욕망이 없다. 즐겁게 대화하고 구경할 힘도 없다. 그때야 돈처럼, 행복이나 즐거움은 저축하거나 유예할 수 없다는 것을 깨닫는다. 즐거움과 웃음은 그때그때 느끼고 누리는 거라는 걸. 왜 우리는 죽을 날을 그토록 애타게 기다릴까. 그 어리석음에서 깨어날수록 더 많이 웃는다. 지금 환한 얼굴로 빙그레 웃으면서 즐거움을 만끽해라. 행복을 유예하지 마라. 행복이나 즐거움, 웃음은 언제나 현재 진행형이다.

"짠맛은 바다의 것이고, 향기는 햇볕의 것이다. 낙원은 일상 속에 있든지 아니면 없다."라는 말처럼, 삶 속에서 느끼지 못하는 천국은 어디에도 없다.

실력이나 노력만으로 풀리지 않는 게 세상 이치다. "머리 좋은 사람은 노력하는 사람을 이기지 못하고, 노력하는 사람은 운 좋은 사람을 당해내지 못한다."라는 말이 있다. 개인적으로는 운 좋은 사람도 즐기는 사람은 당해내지 못한다. 운은 다할 때가 있지만, 즐거움은 마르지 않는 샘물이다.

자주 사용하는 열쇠는 녹슬지 않는다. "다 쓰고 가라."라는 건 지상 명령이다. 게으를수록 즐거움을 유예하고, 지금 해야 할 일을 나중으로 미룬다. 일생 동안 사용할 즐거움과 웃음은 무궁무진한데, 저축만 하다가 죽는 건 억울하다. 나중에 사용하려고 저축해둔 즐거움, 웃음을 노년에 몰아 쓰면 행복할까. 분명한 건 한 살이라도 젊었을 때 만끽하는 즐거움과 웃음은 백 살에 발산되는 웃음과 다르다. 웃음과 행복, 즐거움은 생기고 느끼는 대로 발산하면서 만끽해라.

'장기하와 얼굴들'의 노래 〈별일 없이 산다〉의 가사는 이렇다. "나는 별일 없이 산다. 재미있게 산다. 걱정도 안 하고 고민도 안 하고 산다. 깜짝 놀랐지? 내가 고민하고 걱정하고 살 줄 알았지? 아니거든. 하루하루 재미있게 산다. 약 오르지."

나를 챙겨야 남에게 차이지 않는다. 미움이 미움을 낳고, 사랑이 사랑을 낳기에 사랑을 선택하라. 오래된 부부는 외모뿐 아니라 마음도 닮는다. 이상형 찾기 실험에서 대부분 자신을 닮은 이성을 선택한다. 사람은 외모나 성격, 생각과 행동이 자신과 유사할수록 좋아한다. 내가 남을 보는 대로 남도 나를 본다. 내가 남을 혐오하면 남도 나를 혐오한다. 미움과 증오, 남 탓도 메아리나 부메랑처럼 돌아온다.

고단할수록 떠다닌다. 낮엔 마음이 붕 떠 있고, 저녁엔 술에 동동 떠다니고, 집에서는 성공 드라마가 보여주는 망상 속에서 붕붕 난다. 왜 아이들처럼 구름 위에서 둥둥 떠다닐 수는 없을까.

큰 행복을 좇을수록 소소한 행복을 놓치면서 불행해진다. 고래만 쫓는 사람은 먹을 물고기가 없어 굶어 죽는다. "검은 구름 하나가 온 하늘을 덮고 있다."라는 드라마 대사처럼, 큰 욕심은 모든 것을 덮어버리는 먹구름이다. "입안에 퍼지는 단물의 서늘한 카타르시스. 불면에 시달린 머릿속이 청량해진다. 과육이 주는 소확행마저 허락되지 않았다면 나의 여름은 지치고 비루했을 게다."라는 글에 공감한다. 차 마시고, 밥 먹고, 산책하고, 웃고 대화하기, 일상다반사라는 말, 참 좋다. 일일시호일日日是好日이란 말처럼 매일매일이 좋다.

행복강박증에서 벗어나라. 사랑하는 이에게 매일 놀라움을 선사하려는 것도 강박이다. 불행하고 힘들다고 생각하면 불행하고 힘들지만, 행복하다고 생각하면 힘들지 않다. 정직하게 나를 보고 세상을 보라. 누구나 '거기서 거기'다. 안달복달하지 마라. 일단 지금 웃고 춤추면서 즐겁게 살면 그것으로 충분하다.

킴벌리 커버거는 「지금 알고 있는 걸 그때도 알았더라면」에서 "다른 사람들이 나에 대해 말하는 것에는 신경 쓰지 않았으리라. 그 대신 내가 가진 생명력과 단단한 피부를 더 가치 있게 여겼으리라. 아, 나는 어린아이처럼 행동하는 걸 두려워하지 않았으리라. (…) 지금 알고 있는 걸 그때도 알았더라면 나는 분명코 춤추는 법을 배웠으리라. (…) 입맞춤을 즐겼으리라. 정말로 자주 입을 맞췄으리라. 분명코 더 감사하고, 더 많이 행복해 했으리라. 지금 알고 있는 걸 그때도 알았더라면."이라고 했다.

정희성 시인은 「태백산맥」에서 "칠십 고개 넘어선 노인네들이 여보 젊은이 함께 가지. 앞지르는 나를 불러 세워 올해 몇이냐고. 쉰 일곱이라고. 그중 한 사람이 말하기를 조호울 때다."라는 말처럼 지나간 과거를 추억할수록 푸른 젊음은 멀어진다. 내가 지금 웃고 즐거워한다면 나이와 상관없이 시간은 충분하다.

김태은
**고려대명강사최고위 21기
봉사위원장**

Mobile
010-6474-6567

Email
wpg3054@hanmail.net

학력 및 경력 사항
· 동국대 자연 치유사 수료

강의 분야
· 긍정심리, 조직 리더십, 개인· 부모· 여성 · 노인 상담 교육, 진로 코칭

자격 사항
· 명강의명강사 1급
· 리더십지도사 1급
· 인성지도사 1급
· 기업교육강사자격 1급
· 평생교육강사자격 1급

저서
· 고려대 명강사 25시(공저): 우리 몸은 오케스트라다

CHAPTER 2

우리 몸은 오케스트라다

인간을 단순한 물질의 조합이 아닌, 각 부분이 독립적이면서도 상호 의존하며 조화롭게 협동하는 존재로 바라보는 철학적 관점이 있습니다. 우리 몸을 이루는 세포, 장기, 신경, 혈액 등 모든 요소는 마치 오케스트라의 악기들처럼 각자의 임무를 수행하면서 전체적으로 생명의 교향곡을 연주합니다. 이는 플라톤이 인간을 영혼과 육체의 결합으로 본 것과는 또 다른 차원에서, 육체 자체의 신비로움과 생명력에 주목하는 시각입니다. 몸은 단순한 껍데기가 아니라 끊임없이 연주되는 생명의 리듬이며, 각 기관은 개별적인 소리를 내지만 함께 어우러질 때 비로소 의미를 갖습니다.

흥미로운 점은 이 오케스트라에는 지휘자가 없다는 것입니다. 몸은 외부의 명령 없이도 스스로 호흡하고, 순환하며, 치유하는 자율적인 시스템을 갖추고 있습니다. 이러한 점에서 인간 존재는 내재한 질서와 조화를 지닌 작은 우주(COSMOS)에 비유할 수 있습니다. 결국 "몸은 오케스트라"라는 표현은 인간 존재가 분리된 파편의 합이 아니라 유기적인 전체로서 이해되어야 하며, 이러한 조화 속에서 인간다움의 본질을 찾을 수 있음을 시사합니다.

몸은 종합예술이다

장기	역할	비유
심장	혈액 순환, 생명 유지	리듬, 박자 조율하는 드럼
폐	호흡, 산소 공급	관악기의 숨결 호흡의 예술
간	해독, 감정 조절	색채와 감정의 조화
신장	수분 조절, 정화	음악의 균형
비장	면역기능, 혈액 저장	무대 위의 조율
위	소화 에너지 공급	연료 공급
소장	영양 흡수	세부 묘사
대장	노폐물 배출	정의와 마무리
방광	소변 저장과 배출	리듬의 반복
쓸개	담즙 저장과 준비	색의 대비
삼초	체온 조절, 수분 분포	조명과 온도의 조화
심포	심장 보호, 혈액순환 보조	멜로디의 보조

[표 1] 장기의 예술적 비유

인체를 구성하는 12가지 주요 장기는 각기 고유한 기능을 수행하며 생명 유지의 핵심적인 역할을 합니다. 흥미롭게도 이러한 장기의 기능은 예술 작품을 구성하는 다양한 요소, 즉 리듬, 색채, 균형, 조화 등과 유사한 측면을 지닙니다. 예술 작품에서 각 요소가 조화롭게 어우러져 하나의 완전한 작품을 이루듯, 인체의 장기 또한 각자의 역할을 충실히 수행하면서 생명의 균형과 조화를 만들어 냅니다. 이러한 관점에서 "몸은 종합예술"이라는 표현은 단순한 비유를 넘어 더욱 깊은 의미를 지니게 됩니다. 각 장기가 마치 예술가처럼 생명의 리듬을 만들고, 다채로운 생리 활동을 통해 생명의 색채를 표현하며, 상호작용을 통해 완벽한 균형과 조화를 이루어 내는 것입니다.

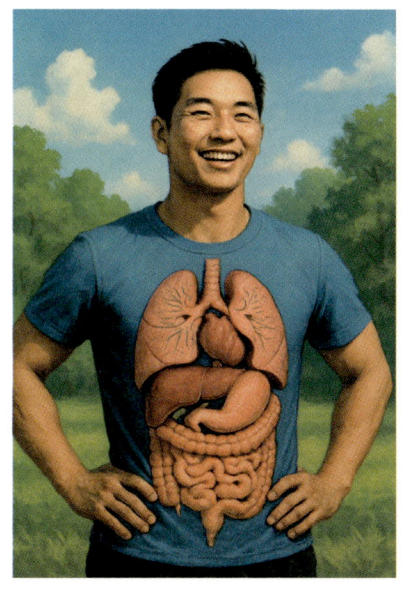

인간은 자연과 함께 진화한 존재이다

 인간은 수백만 년이라는 장구한 시간 동안 자연환경 속에서 진화해 왔습니다. 이 기나긴 여정 속에서 우리의 생리적 리듬, 면역체계, 그리고 심리적 안정감 등 생존과 안녕의 필수적인 기능은 자연과 끊임없는 상호작용을 통해 정교하게 다듬어지고 형성되었습니다.

 예를 들어, 햇빛의 변화에 따라 우리의 생체 시계가 조절되고, 계절의 순환에 맞춰 신체 리듬이 형성되는 것은 자연환경이 우리 몸에 새긴 깊은 각인과도 같습니다. 또한 숲길을 걷거나 자연의 소리를 듣는 것만으로도 스트레스가 해소되고 마음의 평화를 얻는 것은 인간이 본능적으로 자연과의 연결을 추구하도록 진화했음을 보여줍니다.

 면역체계 역시 자연과 깊은 관계 속에서 발달해 온 대표적인 사례입니다. 과거 인류는 흙, 물, 다양한 식물과 동물 등 자연환경 속에 존재하는 수많은 미생물과 일상적으로 접촉했습니다. 이러한 지속적인 노출은 우리 몸의 면역계가 다양한 외부 인자들을 인식하고, 해로운 병원균에는 효과적으로 대처하는 동시에 해가 없는 물질에는 과민하게 반응하지 않도록 균형을 잡아가는 중요한 학습 과정이었습니다. 마치 면역계가 자연이라는 훈련장에서 단련되는 것과 같습니다.

　현대사회로 접어들면서 도시화와 산업화가 가속화되고, 우리의 생활공간이 자연과 점차 분리됨에 따라 이러한 자연과의 필수적인 접촉은 급격히 줄어들었습니다. 대부분의 시간을 통제되고 정제된 실내 환경에서 보내면서, 과거에는 일상적이었던 자연 속 다양한 미생물 및 환경 요소와의 만남이 현저히 감소한 것입니다. 그 결과, 충분한 자극과 '훈련'의 기회를 얻지 못한 현대인의 면역체계는 과거보다 약화하거나 균형을 잃기 쉬워졌습니다.

　실제로 알레르기 질환이나 자가면역 질환과 같은 면역 관련 질환이

과거에 비해 눈에 띄게 증가하는 현상이 관찰되고 있습니다. 많은 전문가들이 이를 '위생 가설Hygiene Hypothesis' 또는 '오랜 친구 가설Old Friends Hypothesis' 등으로 설명하며 자연과 멀어짐이 초래한 건강 문제로 지적하고 있습니다. 더 나아가, 자연과의 단절은 단순히 면역력 저하 문제에 그치지 않고 스트레스 증가, 우울감, 주의력 결핍과 같은 현대인이 겪는 다양한 심리적 어려움과도 무관하지 않은 것으로 여겨집니다.

결국 인간의 신체적, 정신적 건강과 안녕은 우리가 진화의 시간을 함께 보낸 자연환경과의 건강한 관계를 회복하고 유지하는 데 깊이 연관되어 있다고 볼 수 있습니다.

자연과의 단절이
정신건강에 미치는 영향

도시화와 산업화가 숨 가쁘게 진행되면서 현대사회는 우리에게 전례 없는 물질적 풍요와 편리함을 선사했습니다. 하지만 그 이면에는 많은 사람이 자연과 점차 멀어지며 살아가는 현실이 자리 잡고 있습니다. 빌딩 숲과 아스팔트로 뒤덮인 회색 도시 환경 속에서 흙을 밟고 숲의 녹음을 만끽하며 자연의 숨결을 느낄 기회는 점점 줄어들고 있습니다. 이러한 자연과의 단절은 인간의 정신건강에 예기치 않은 그림자를 드리우고 있습니다.

오랜 진화의 시간 동안 자연과 깊은 정서적, 생리적 유대감을 형성해 온 인간에게 자연환경의 부재는 스트레스, 우울증, 불안감과 같은 다양한 심리적 문제를 일으키거나 기존의 어려움을 더욱 악화시키는 중요한 요인이 될 수 있습니다. 자연이 본래 제공하던 심리적 안정감과 정신적 회복의 기회가 현대인의 삶에서 상당 부분 사라졌기 때문입니다. 다행스럽게도, 최근 다양한 과학적 연구는 자연 속에서 시간을 보내는 것이 이러한 현대인의 정신적 어려움을 완화하고 전반적인 정신건강을 증진하는 데 매우 효과적이라는 사실을 일관되게 밝혀내고 있습니다.

자연은 단순한 휴식 공간을 넘어 적극적인 치유의 힘을 지니고 있다는 것입니다. 예를 들어, 울창한 숲속을 거니는 이른바 '숲 치유(삼림욕)'는 단순히 기분 전환을 넘어선 구체적인 생리적, 심리적 건강 효과를 제공합니다. 여러 연구에 따르면, 숲 환경은 번잡한 도시 환경에 비해 혈압을 낮추고 심박수를 안정시키는 데 도움을 줍니다. 또한 나무가 발산하는 피톤치드와 같은 자연의 향기 물질은 우리 몸의 면역 세포 기능을 활성화하여 면역력 증진에도 긍정적인 영향을 미치는 것으로 알려져 있습니다. 그뿐만 아니라, 잔잔하게 흐르는 시냇물 소리, 나뭇잎을 스치는 부드러운 바람 소리, 계절 따라 변화하는 다채로운 풀과 꽃의 모습 등 자

연이 선사하는 풍부한 감각적 경험은 우리의 지친 신경계를 부드럽게 진정시키고 깊은 심리적 안정감을 되찾아 줍니다. 이러한 자연의 소리와 풍경은 스트레스 호르몬인 코르티솔의 수치를 낮추고, 긍정적인 감정을 불러일으켜 스트레스 완화에 직접적인 도움을 줍니다.

자연 속에서는 복잡한 생각과 걱정거리에서 잠시 벗어나 현재 순간에 집중하기 쉬워지며, 이는 과도한 생각과 번민으로 인한 정신적 피로를 줄이는 데도 효과적입니다. 따라서 바쁜 도시 생활 속에서도 의식적으로 시간을 내어 공원이나 숲, 강가 등 자연을 찾아 그 안에서 충분한 시간을 보내는 것은 현대인의 정신건강을 지키고 삶의 질을 풍요롭게 가꾸는 매우 중요하고도 효과적인 방법이라고 할 수 있습니다.

기의 출입과 순환

인체 내에 흐르는 무형의 에너지인 '기氣'는 생명 유지의 필수적인 요소입니다. 기의 원활한 흐름과 순환은 경락經絡이라는 정교한 네트워크를 통해 이루어지며, 인체의 모든 생리적 활동과 건강 상태에 직접적인 영향을 미칩니다.

1. 기의 역동적인 움직임: 승강출입(昇降 出入)

기의 움직임은 매우 역동적입니다. 기는 끊임없이 상승昇하고 하강降하며, 몸 안으로 들어오고入 밖으로 나가는出 '승강출입'의 과정을 반복합니다. 이러한 기의 조화로운 움직임은 인체 내부 환경의 균형을 유지하고 정상적인 생리 기능을 가능하게 하는 핵심 기전입니다.

2. 음양의 조화와 기의 균형

기의 승강 운동은 특히 '음양陰陽의 조화' 원리에 따라 경락 시스템 내에서 질서 있게 이루어집니다. 예를 들어, 주요 음경락陰經絡들은 기를 신체의 아래에서 위로 끌어올리는 역할을 하며, 반대로 양경락陽經絡들은 기를 위에서 아래로 내려보내는 기능을 담당합니다. 이처럼 음양 경락 간의 상호작용을 통해 전체적인 기 순환의 균형이 유지됩니다.

3. 생명의 통로: 12 경맥의 흐름

인체에는 기의 주요 통로가 되는 12개의 큰 경맥經脈이 존재합니다. 이 12 경맥은 각각 고유한 경로를 따라 운행하며, 머리부터 발끝까지, 그리고 내부 장기臟腑에 이르기까지 신체의 모든 부위를 그물처럼 촘촘히 연결합니다. 이를 통해 기와 혈血을 전신에 공급하고 생명 정보를 전달하는 중요한 임무를 수행합니다.

4. 기의 출입구이자 조절점: 경혈(經穴)

경락의 경로상에는 '경혈經穴'이라고 불리는 특별한 지점이 존재합니다. 경혈은 내부 장부와 경락의 기가 신체 표면으로 드러나는 일종의 '출입구'이자 반응점으로 이해할 수 있습니다. 한의학에서는 침이나 뜸과 같은 치료법을 통해 이 경혈에 적절한 자극을 주어 경락을 따라 흐르는 기의 흐름을 조절합니다. 이를 통해 기의 불균형을 바로잡고 질병을 치료하거나 예방할 수 있습니다.

5. 질병의 신호를 나타내는 반응점

더 나아가, 경혈은 내부 장기의 건강 상태를 반영하는 '창'으로도 활용됩니다. 특정 장부에 이상이 생기면 해당 장부와 연결된 경락의 특정 경혈 부위에 통증, 민감성 증가, 색 변화 등 다양한 반응이 나타날 수 있습니다. 따라서 경혈은 질병을 진단하고 그 경과를 파악하는 데 중요한 단서를 제공하기도 합니다.

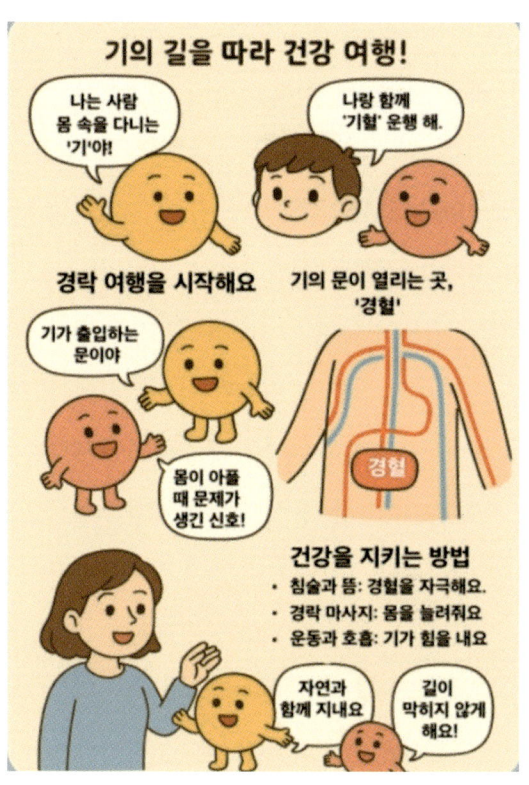

인간의 노화(Aging)

인간의 노화는 단순히 시간의 흐름에 따라 나이가 드는 것을 넘어, 우리의 신체(생물학적), 정신(심리적), 그리고 사회적 관계 속에서 다층적으로 일어나는 복합적인 변화 과정입니다. 이러한 노화의 다양한 측면을 올바르게 이해하고, 이에 적극적으로 대처하는 자세는 건강하고 의미 있는 노년을 맞이하는 데 매우 중요합니다.

1. 노화의 다면적 이해

- 생물학적 노화 Biological Aging: 신체의 점진적 변화

생물학적 노화는 우리 몸을 구성하는 세포와 조직, 그리고 각 기관의 기능이 시간이 지남에 따라 점진적으로 저하되는 과정을 의미합니다. 이는 피부 탄력 감소, 주름 증가, 근육량 및 골밀도 감소로 인한 신체 활동 능력 저하 등으로 나타날 수 있습니다. 또한 시력과 청력이 약해지고, 신진대사율이 떨어지며, 외부 병원균에 대한 저항력인 면역력도 점차 약화하는 경향을 보입니다.

- 심리적 노화Psychological Aging: 정신 기능과 감정의 변화

심리적 노화는 기억력, 집중력, 학습 능력, 판단력 등의 인지 기능을 포함한 정신 기능이 시간의 흐름에 따라 서서히 변화하는 것을 말합니다. 하지만 이러한 변화는 모든 사람에게 똑같이 나타나지 않습니다. 평소 새로운 것을 배우고 경험하며 뇌를 꾸준히 자극하는 활동은 심리적 노화의 속도를 늦추는 데 긍정적인 영향을 줄 수 있습니다. 또한 삶에 대한 긍정적인 태도, 정서적 안정감, 스트레스 대처 능력 등도 심리적 안녕과 노화 과정에 중요한 역할을 합니다.

- 사회적 노화Social Aging: 역할과 관계의 재정립

사회적 노화는 개인이 속한 사회 내에서의 역할, 지위 그리고 대인 관

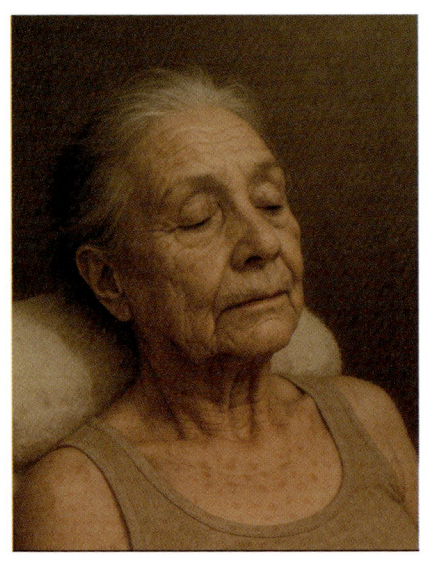

계에서 나타나는 변화를 의미합니다. 대표적으로 직장에서의 은퇴, 자녀의 성장과 독립, 오랜 친구나 배우자와의 이별 등이 이에 해당하며, 이는 개인의 사회적 정체성과 소속감에 영향을 미칠 수 있습니다. 사회적 노화의 양상은 개인의 가치관, 삶의 방식, 경제적 안정성, 그리고 주변의 지지 시스템에 따라 매우 다양하게 나타납니다.

2. 건강한 노화를 위한 적극적인 노력

비록 노화는 자연스러운 생명 현상이지만, 우리가 어떻게 생활하고 관리하느냐에 따라 그 과정과 삶의 질은 크게 달라질 수 있습니다. 건강하고 활기찬 노년을 보내기 위해서는 다음과 같은 다방면의 노력이 권장됩니다.

- 규칙적인 신체 활동: 심폐지구력을 높이는 유산소 운동과 근력을 유지하는 근력 운동을 꾸준히 실천합니다.
- 균형 잡힌 영양 섭취: 다양한 영양소를 골고루 포함한 규칙적이고 건강한 식사를 합니다.
- 충분하고 질 좋은 수면: 신체와 정신의 회복을 위해 적절한 수면 시간을 확보합니다.
- 효율적인 스트레스 관리: 자신만의 스트레스 해소법을 찾아 정신건강을 돌봅니다.

- 지속적인 사회적 활동: 가족, 친구, 지역사회와 유대감을 유지하며 활발하게 교류합니다.
- 정기적인 건강 검진: 질병을 조기에 발견하고 예방하기 위해 주기적으로 건강 상태를 점검합니다.

3. 일상 속 작은 실천: 생물학적 노화를 늦추는 몸 관리법

위에서 언급된 건강한 노화를 위한 노력은 일상생활 속 작은 습관을 통해 충분히 실천할 수 있습니다. 특히 생물학적으로 진행되는 자연스러운 노화의 속도를 건강하게 늦추고, 활기찬 일상을 유지하는 데 도움이 되는 간단한 몸 관리 방법은 다음과 같습니다.

- 아침 물 한 잔의 습관: 아침에 일어나 미지근한 물을 마시는 것은 밤새 부족했던 수분을 보충하고 신진대사를 원활하게 하며, 몸속 노폐물 배출을 돕는 좋은 시작입니다.
- 틈틈이 몸 스트레칭 하기: 규칙적인 스트레칭은 근육의 긴장을 풀고 유연성을 높이며 혈액 순환을 개선하는 데 도움이 됩니다.
- 규칙적인 식사 시간 지키기: 정해진 시간에 식사하는 것은 소화기관의 부담을 줄이고 안정적인 에너지 공급에 기여합니다.
- 하루 10분 이상 걷기: 짧은 시간이라도 꾸준히 걷는 것은 심혈관 건강을 지키고 활력을 유지하는 가장 기본적인 유산소 운동입니다.
- 바른 자세 유지하기: 의식적으로 바른 자세를 유지하는 것은 척추

와 관절 건강에 중요하며, 몸의 균형을 잡아줍니다.
- 충분한 숙면 취하기: 잠은 단순한 휴식을 넘어 세포 재생과 피로 해소, 면역력 강화에 필수적이므로, 매일 충분한 시간 동안 깊은 잠을 자도록 노력해야 합니다.

이처럼 일상생활 속에서 꾸준히 실천하는 간단한 몸 관리 방법들은 생물학적 노화 과정을 건강하게 관리하고, 삶의 질을 높이는 데 분명 긍정적인 영향을 줄 것입니다. 건강한 습관을 통해 더 활기차고 만족스러운 노년을 맞이하시길 바랍니다.

김흥식
**고려대명강사최고위 21기
재무국장**

Mobile
010-4139-2924

Email
winwinkhs@naver.com

학력 및 경력 사항
- 온석대학원 대학교 교육학 박사(상담교육 전공. Ph.D)
- 한경대학교 아동 가족복지학과 학사
- 한경대학교 대학원 아동 가족복지학과 이학석사
- 현) 플로리시 길 심리상담센터 대표
- 전) NH농협 상무(지점장) 역임
- 전) 주민자치위원회 위원 (사이동, 2017)
- 전) 상록초등학교 지역위원(2021)
- 전) 경기도 여성복지 대상 협의회 회장
- 전) 경기 여성복지 담당자 협의회 회장

강의 분야
- 긍정심리, 조직 리더십, 개인·부모·여성·노인 상담 교육, 진로 코칭

자격 사항
- 심리상담전문가, CGRT자아발견전문강사
- 명강의명강사 1급
- 부모교육상담사 1급
- 노인교육강사 1급
- 리더십지도사 1급
- 행복명상지도사 1급
- 진로코칭지도사 1급
- 보육교사 1급, 사회복지사 2급
- 평생교육사 2급
- 부부상담지도사 2급

수상 내역
- 경기농협 자랑스러운 직원상(2008) 외 표창장 및 공로상 다수
- 여성복지 대상(2009, 농협중앙회)
- 효행 대상(2005, 수원시장)
- 2024 한국을 빛낸 무궁화 대상(심리상담 사회봉사 부문)

저서
- 고려대 명강사 25시(공저): 사회적 연결, 희망과 비전으로 빛나는 제2막
- 박사학위논문: 긍정심리 적용을 통한 직장여성의 자기효능감 향상을 위한 현상학
- 당신은 이미 행복한 존재다 - 하지만 심리가 그걸 방해하고 있다
- 플로리시 코드 - 6가지 미덕 루틴으로 행복을 넘어 번영을 설계하다

CHAPTER 3

사회적 연결, 희망과 비전으로 빛나는 제2막

'지금부터가 진짜 내 인생의 시작,
행복은 발견이 아니라 창조입니다.'
정년 이후, 우리는 멈추는 것이 아니라
새롭게 시작하는 법을 배웁니다.
긍정심리학 대표 강점으로 나의 삶에 다시 불을 밝히는 여정.
'행복해라, 비전을 갖고 도전하라.'

프롤로그

  삶은 긴 강물과 같아서 때로는 고요히 흐르고 때로는 굽이쳐 간다. 나는 농협에서 40년이라는 긴 세월을 보내며 다양한 경험을 쌓았다. 성공과 실패, 기쁨과 슬픔이 교차한 그 시간은 나를 성장시키고 삶의 깊은 의미를 깨닫게 해주었다.

  정년퇴직이라는 커다란 전환점 앞에서 나는 삶의 의미를 다시금 진지하게 돌아보았다. 직장에서 얻은 성취와 사람들과 따뜻한 관계, 그리고 스스로 질문을 던지며 내면을 성찰하는 시간은 나에게 긍정심리학과의 만남을 이끌었다.

  행복은 단지 찾아오는 것이 아니라 창조하는 것임을 깨닫게 되었고, 긍정적 감정Positive emotion과 몰입Engagement, 의미Meaning 있는 인간관계Relationship와 삶의 목표를 통한 성취Accomplishment가 지속 가능한 행복을 만든다는 'PERMA' 모델을 내 삶 속에서 경험했다.

  새로운 시작은 늘 두려움을 동반하지만, 그 두려움이 나를 평생 학습자로 이끌었다. 고려대명강사최고위과정에 입학하며 새로운 지식을 쌓고 다양한 사람들과 연결되면서 내 삶은 더욱 풍요로워졌다. "이제 진짜 내 삶을 새롭게 시작할 시간이다." 과거의 성취에 안주하거나, 지나온 세월을 아쉬워하는 대신, 새로운 시작이 필요한 순간 나는 선택한다. 행복을 찾아, 자유를 찾아, 자아실현으로 'winwin게임'을 위해 의미 있는 번영의 길을 걷기로 한다.

"행복해라, 비전을 갖고 도전하라."

이 짧은 문장을 내 가슴에 깊이 새기고 나는, 이 문장이 이끄는 대로 작은 도전을 통해 지속 가능한 행복을 만들어가고 있다. 내 삶의 제2막이 시작된 지금, 삶의 진정한 의미를 전하는 나의 고백이다. 이 책을 읽는 독자들 역시 자신만의 제2막을 준비하는 데 도움을 받고, 삶의 깊은 행복과 성장을 발견할 수 있기를 진심으로 소망한다.

제주 퇴직 여행 기념

연결의 힘으로
새롭게 태어나다

정년퇴직 후 삶은 미지의 세계였고, 두려움과 막막함이 앞섰다. 오랜 기간 익숙하게 지내온 직장 생활을 끝내고 새로운 환경에 적응하는 일은 결코 쉽지 않았다. 그동안 업무와 조직 속에서 나의 정체성을 확인하며 살아왔기에, 그것을 벗어나 홀로 서는 과정은 불확실함과 불안함으로 가득했다. 그러나 돌이켜 보면, 바로 그 두려움이 나를 더 단단하고 성숙한 사람으로 성장시키는 가장 중요한 계기가 되었다.

제2막을 준비하면서 나는 사회적 연결이 얼마나 중요한지를 새삼 깨닫게 되었다. 인생의 후반전을 맞이하면서 함께 나누고, 함께 걸어갈 수 있는 사람들이 필요했다. 다행히 나는 긍정심리학 커뮤니티와 고려대명강사최고위과정을 통해 귀중한 사람들을 만날 수 있었다. 이들은 단순한 친목이나 정보 교류를 넘어, 나의 삶을 긍정적으로 변화시키는 진정한 의미를 가져다주었다.

특히 긍정심리학 커뮤니티에서는 각자의 경험과 지혜를 공유하며 서로가 성장할 수 있는 환경을 조성해 주었다. 혼자였다면 상상하지 못했을 다양한 관점과 해결책을 얻었고, 막연한 두려움이 현실적이고 구체적인 행동 계획으로 전환되는 경험을 했다. 고려대명강사최고위과정 동료들과 깊은 교류 역시 잊을 수 없는 기억이다. 동료들이 아낌없이 나눈 정보와 격려는 나를 끊임없이 앞으로 나아가게 하는 동력이 되었다.

그중에서도 이진숙 박사와의 관계는 특별했다. 그녀와 주고받은 수많은 격려 메시지는 흔들리는 순간마다 내 마음을 단단히 붙잡아 주었다. '정말 할 수 있을까?'라는 의심이 들 때마다 그녀의 진심 어린 격려가 마음 깊은 곳까지 와닿아 새로운 용기를 주었다. 그렇게 '꼭 해 보자.'라는 결의가 다져졌고, 그 작은 결의 하나가 다시 다음 행동을 끌어냈다.

퇴직 전 오랜 직장 생활에서 쌓아온 다양한 인연과 관계들은 이제 더 큰 의미를 가지게 되었다. 과거에는 단순한 직장 동료나 인맥으로 여겼던 사람들이 이제는 서로의 인생을 응원하는 든든한 지지자가 되었다. 함께했던 기억들이 새로운 길을 걷는 나에게 귀중한 자산으로 남아 있었고, 그것이 바로 제2막의 든든한 토대가 되었다.

사회적 연결은 이제 내 삶의 중요한 키워드가 되었다. 사람들과의 진정한 연결을 통해 얻은 긍정적 변화는 내 삶의 방향과 속도를 완전히 바꾸어 놓았다. 혼자가 아닌 '함께'라는 감각이 나의 삶에 얼마나 큰 힘을 주는지 깨닫게 되면서, 더 이상 두렵지 않았다. 오히려 연결을 통해 만나는 새로운 기회와 경험들이 나를 흥분시키고 설레게 했다.

연결은 내 인생 제2막을 더욱 활기차고 의미 있게 만들어 준 핵심 요소였다. 사회적 연결을 통해 얻은 힘은 내가 앞으로 나아가는 길을 더욱 밝고 확실하게 비추어 주었다. 덕분에 새로운 도전을 두려움이 아닌 설렘으로 받아들일 수 있게 되었다. 연결 속에서 내가 발견한 것은 인생에서 가장 중요한 가치가 바로 사람들과의 진정한 교류와 상호 지지라는 사실이었다.

푸켓 라이언 랜드 가족여행 기념

가족, 헌신과 사랑의
토대 위에 서다

　나의 삶을 지탱한 또 하나의 큰 축은 가족이었다. 가족의 헌신은 나의 모든 성취의 숨겨진 원천이었다. 삼 남매를 키우며 직장 생활과 학업을 병행할 수 있었던 것은 전적으로 시부모님의 희생 덕분이었다. 어머니는 언제나 어린 손주들을 등에 업고, 지친 몸을 이끌고 집으로 돌아오는 나를 따뜻한 미소로 기다려 주셨다. 가끔은 저녁 늦게 집에 들어올 때마다 지쳐 쓰러질 듯한 나를 보시며 "힘들지? 고생했어."라며 얼른 들어가서 쉬라고 등을 토닥여 주셨다. 한 번도 힘들다는 말씀이 없으셨던 그 손길이 아직도 잊히지 않는다.

　특히 내가 사고로 크게 다쳤던 때가 기억에 생생하다. 아버님은 내 얼굴에 묻은 흙과 잔여물을 깨끗하게 씻어주시고, 아픈 마음조차 어루만져 주셨다. 그분의 다정한 눈빛과 섬세한 손길에서 무한한 사랑과 위로를 느꼈다. 내가 건강하게 회복할 수 있었던 것은 분명 아버님의 그러한 보살핌 덕분이었다.

　돌아보면, 시부모님은 자신의 편안함보다 늘 우리의 삶을 먼저 생각하셨다. 아무런 대가도 바라지 않고 오직 자식과 손주들의 행복만을 위해 헌신하셨다. 두 분께서는 결국 같은 날, 정확히 12년의 간격을 두고 세상을 떠나셨다. 우리는 매년 같은 날 두 분의 제사를 함께 모시며 그 희생과 사랑을 기리고 있다.

사실 제사를 모시면서 진정으로 깨닫는 것은 우리가 두 분을 모신 것이 아니라, 그분들의 무조건적인 사랑에 기대어 살아왔다는 점이다. 특히 '효행 대상' 수상과 같은 날 어머니를 따라가신 아버님의 깊은 사랑에서 얻은 깨달음은 가슴 속 깊은 울림으로 남는다.

친정 부모님 역시 평생을 오로지 자식들을 위해 모든 것을 바치셨다. 어려운 가정 형편에도 다섯 남매를 굶기지 않고 바르게 키우기 위해 밤낮으로 고된 노동을 마다하지 않으셨다. 내 기억 속 어머니는 언제나 손끝이 갈라지고 허리가 휘어 있을 정도로 고단하셨지만, 그 눈빛만큼은 강인하고 따뜻했다.

박사 과정 등록금을 보태주시던 친정어머니는 "더 가르치지 못해 미안하다."라고 하셨다. 이 말씀은 단순한 격려의 차원을 넘어, 인생에서 내가 만난 어떤 말보다 강력한 힘이 되었다. 그때 받은 지원은 경제적인 도움 이상의 의미였다. 그것은 나를 믿고 내 꿈을 지지해주는 가족의 믿음이었고, 앞으로 나아갈 힘을 주는 사랑의 표현이었다.

이러한 가족들의 헌신과 사랑이 있었기에 나는 수많은 어려움을 극복할 수 있었다. 직장에서 어려움을 겪을 때도, 가족은 항상 내 편이었다. 힘들어하는 내 모습에 먼저 다가와 "잘하고 있다", "의지의 한국인"이라며 든든한 응원을 보내주었다. 그 덕에 나는 매번 다시 일어설 수 있었고, 꿈을 향한 도전을 멈추지 않았다.

내가 긴 세월 끝에 퇴직하고, 가족들은 나를 위해 '퇴직 여행'을 준비했다. 여행의 모든 순간이 나에게는 잊을 수 없는 감동이었다. 남편이 건넨 작은 상자에는 새 차의 열쇠가 들어 있었다. 그는 "이제 당신의 시간을 살아."라며 그동안 고생한 나를 격려했다. 그 말속에는 나의 지난 시간에 대한 존중과 깊은 사랑이 담겨 있었다.

아이들이 정성스럽게 준비한 슬로건과 이벤트도 있었다. "40년 동안 열심히 일했다, 홍식이는 자유예요, 당신의 세월을 존경합니다. 이제 꽃길만 걷자."라는 말은 그 자체로 지난 시간에 대한 깊은 인정이었다. 케이크에는 "꽃보다 깊은 삶을 산 우리 엄마, 늘 비상을 꿈꾸는 홍식 여사님, 지나온 세월을 존경합니다. 앞으로의 나날을 응원합니다."라는 가족의 따뜻한 마음이 새겨져 있었고, 내 가슴은 벅차올랐다. 그 순간, 나는 내가 걸어온 모든 길이 얼마나 의미 있고 가치 있었는지를 다시금 깨닫게 되었다.

가족이란 무엇인가? 돌아보면 가족은 내가 가장 힘들 때 가장 가까이에서 나를 지켜준 사람들이었다. 그들은 내가 쓰러질 때마다 언제나 손을 내밀어 일으켜 주었고, 내 꿈을 위해 아낌없는 희생을 했다. 가족의 사랑과 헌신 덕분에 나는 더 강인한 사람이 되었고, 나 자신을 뛰어넘어 새로운 도전을 계속해 나갈 수 있었다.

이제 내가 걸어온 삶의 길을 되짚어보면 모든 순간 가족의 헌신과 무조건적인 사랑이 있었음을 알게 된다. 나는 가족에게 평생 빚진 마음이다. 그리고 그 빚은 어떤 것으로도 다 갚을 수 없을 만큼 크고 깊은 것이리라. 내가 앞으로 살아갈 날들 속에서도, 가족의 사랑이 가르쳐 준 이 위대한 헌신과 사랑의 가치를 절대로 잊지 않을 것이다. 앞으로 내가 살아갈 새로운 시간 속에서, 이제는 내가 가족을 지탱하는 든든한 기둥이 되겠다고 마음을 다져 본다.

긍정심리학,
희망과 감사를 나누는 삶

제2막을 시작하며 나는 긍정심리학을 접하게 되었고, 그것은 내 삶을 이끌어가는 중요한 안내서가 되었다. 긍정심리학을 통해 처음 깨달은 것은 긍정적인 정서가 단순히 기분을 좋게 만드는 데 그치는 것이 아니라 뇌의 회로를 활짝 열어주어 창의력과 문제 해결 능력을 증진하게 만든다는 점이었다. 긍정적인 감정을 자주 느낄수록 우리의 사고는 더욱 유연해지고 개방적이 되며, 이는 자연스럽게 삶의 질을 향상하는 결과로 이어진다.

더욱이, 감사하는 마음의 힘은 생각보다 훨씬 강력했다. 감사는 개인의 정서적 안정을 돕는 동시에 사회적 관계를 더욱 돈독하게 하는 강력한 도구였다. 감사의 표현을 자주 하는 사람은 관계 속에서 신뢰를 얻고, 서로를 지지하는 긍정적 에너지를 만들어낸다. 나는 긍정심리학을 공부하면서 내 삶 속에서 감사의 중요성을 매일 체험하게 되었다.

나는 매일 저녁 자기 전에 작은 습관 하나를 실천하기 시작했다. 바로 감사 다이어리를 쓰는 것이었다. 하루 동안 감사함을 느꼈던 사람과 감사했던 순간을 세 가지씩 기록하는 간단한 행동이었다. 처음에는 어색하고 힘들기도 했지만, 이 작은 실천이 반복되면서 일상에서 감사할 일들이 더욱 자주 눈에 들어오기 시작했다. 아침 햇살이 창문으로 들어올 때 느껴지는 따뜻함, 가족과 함께한 소소한 식사와 행복, 친구와의 짧은 대화에서 느껴진 위로와 공감 등 사소한 일상의 감사가 나의 삶을 풍성하게 만들어 주었다.

감사 다이어리를 작성하는 습관이 몸에 배자, 감사가 내 삶에 가져다준 변화를 더 명확히 볼 수 있게 되었다. 이전에는 불평하거나 짜증이 났을 법한 상황에서도 감사할 이유를 찾게 되었고, 이는 자연스럽게 스트레스를 줄이고 삶을 더욱 평온하게 만들었다. 또한 주변 사람들에게 더욱 긍정적인 에너지를 전달할 수 있게 되었다.

긍정심리학의 또 다른 중요한 개념은 비전이었다. 비전은 단순히 좋은 일이 생기기를 바라는 수동적인 태도가 아니라, 적극적이고 구체적인 행동 계획을 세우게 만드는 강력한 심리적 동력이라는 점을 배우게 되었다. 나는 매일 저녁, 다음 날 실천할 수 있는 작은 목표와 비전 행동을 설계하는 습관을 들였다. 간단히 목표를 설정하고 이를 실행하기 위한 구체적인 단계를 기록하는 이 작은 습관은 놀랍도록 큰 변화를 가져왔다.

강의를 준비할 때도 비전 행동 계획은 큰 도움이 되었다. 강의 준비가 막막하고 부담스럽게 느껴질 때마다 작은 목표들로 나누어 매일의 실천 계획을 세웠다. 그 결과, 이전보다 훨씬 효율적으로 준비할 수 있었고,

스트레스와 부담감이 크게 줄었다. 이런 경험들은, 앞으로의 인생에서 마주할 도전과 어려움을 극복하는 강력한 무기가 될 것임을 확신한다.

긍정심리학에서 배운 가장 큰 교훈은 결국 사람과의 연결, 감사, 비전이 우리의 삶을 실제로 바꾼다는 점이다. 제2막을 준비하는 모든 이들에게 나는 고립 대신 연결을, 두려움 대신 희망을, 후회 대신 감사를 선택하라고 강력히 권하고 싶다. 삶에서 가장 소중한 변화는 바로 이 세 가지 선택에서 시작된다.

이제 나는 받은 사랑과 지혜를 다음 세대에 돌려주기로 했다. 특히, 손주들을 위해 보육교사 자격증이 빛을 내고 있다. 아이들과 더 많은 시간을 보내기 위한 준비를 마쳤다. 나에게 있어 이 선택은 내가 받은 사랑을 사회적으로 환원하는 의미 있는 결정이었다. 받은 사랑을 나누는 삶은 내게 가장 큰 보람이자 삶의 가치를 극대화하는 길이라고 믿기 때문이다.

내가 지금까지 걸어온 길을 돌이켜 보면, 계장 시절에도 간부회의에 참석하였고 일부 상무의 시기와 질투를 견뎠다. 존경하는 최용환 조합장은 "지도자는 고독하며 선생이 되어야 한다."라고 격려해 성장 동력이 되었다. 박성근 상무는 교육지원 사업을 이끌어, 나는 '여성복지대상'을, 정금미 지점장은 '지도대상'을 수상해 반월농협의 명성을 높이며 빛을 더했다. 안상광 상무는 '여성복지대상'과 '경기도 자랑스러운 직원상' 수상을 도와준 소중한 파트너였다. 특히, 나를 상무 시키기 위하여 우리 사무소에 상무 TO^{정원}가 없자 군자농협의 존경하는 안병안 조합장이

TO를 마련해 주었는데, 평생 잊지 못할 은인이다. 존경하는 이한진 조합장이 혈연·학연·지연과 연공 서열을 깨고 우여곡절 끝에 우리 사무소 첫 여성 상무를 임명한 순간, 조직의 장벽은 열리고 조합장님은 3선을 역임했다. 그리고 존경하는 김훈자 이사님의 신뢰와 믿음이 큰 힘이 되었다. 40년간 장기근속 할 수 있었던 것은 무엇보다 조합원 여러분의 존재 덕분이었다. 아낌없는 응원과 격려를 보내주신 지인들과 고객 여러분 덕분에 영예롭게 정년퇴직을 맞이할 수 있었다. 함께 동고동락하며 늘 곁을 지켜준 소중한 직원들 덕분에 나는 성장할 수 있었다. 이 자리를 빌려 진심으로 감사드리며, 오랜 시간 함께 울고 웃어준 사랑하는 '찐 팬' 여러분께도 깊은 고마움을 전한다.

긍정심리학이 알려준 희망과 감사는 삶을 더욱 의미 있고 행복하게 만드는 가장 중요한 요소였다. 나는 앞으로도 이 가치를 삶의 중심에 두고 살아갈 것이다. 그리고 내 경험을 통해 독자들에게도 이 아름다운 지혜를 전하고자 한다.

마지막으로, 이 글을 읽는 모든 독자의 내일 또한 희망과 감사로 더욱 찬란하게 빛나기를 진심으로 기원한다. 각자의 삶 속에서 작은 감사를 찾고 희망의 행동을 실천하며, 주변 사람들과 의미 있는 연결을 맺는다면, 우리는 모두 삶의 새로운 장을 더욱 행복하고 의미 있게 만들어 번영의 길을 갈 수 있을 것이다.

일동지점 춘천 추계 단합대회

사무소업적평가 수상

흥식이는 이제 자유에요

사회적 연결, 희망과 비전으로 빛나는 제2막

에필로그

　인생이라는 긴 여정을 돌아보면, 그 안에는 무수한 기회와 가능성이 있었다. 농협에서 보낸 40년은 나에게 경험과 지혜를 주었고, 이제 시작된 제2막은 나의 삶을 더 의미 있고 풍요롭게 채워가고 있다. 긍정심리학의 PERMA 모델이 가르쳐 준 행복과 성취의 루틴을 따라, 나는 앞으로도 지속 가능한 행복을 향해 나아갈 것이다. 지금의 나는 끝없는 배움과 긍정적인 인간관계 속에서 매일 성장하고 있다. 내 인생의 경험들이 평생 학습자로 사는 삶을 더욱 강력하게 지탱해주고 있으며, 작은 도전들이 모여 큰 변화를 만들어낼 것임을 믿어 의심치 않는다. 나는 좋은 사람들과 더 많이 웃고, 더 많이 배우고, 더 많이 나누기로 했다. 그 과정이야말로 제2막을 아름답게 만드는 에너지다.

　"행복해라, 비전을 갖고 도전하라."

　진짜 삶은 지금부터다. 진짜 성장도, 진짜 행복도 제2막에서 시작되고 있다. 제2막, 진짜 나를 만나는 시간, 정년퇴직은 끝이 아니라 나를 다시 만나는 시간이다. 무엇을 진심으로 좋아하는지, 어떤 가치를 믿고 살아가고 싶은지, 누구와 함께 성장하고 싶은지를 나는 다시 묻고, 다시 답하며, 매일 새롭게 나를 완성해가고 있다.

독자 여러분께 말하고 싶다. "당신은 행복한 존재다 - 하지만 심리가 그걸 방해하고 있다"라는 책으로 답을 한다. 제2막은 끝이 아니라 진정한 시작이다. "2024 한국을 빛낸 무궁화 대상"은 더 의미 있는 목적을 향해 나아가라 한다. 두려움을 떨치고 희망을 품고 새로운 비전을 향해 함께 나아가자.

여러분이 품은 꿈과 비전은 반드시 실현될 것이며, 작은 도전들이 모여 위대한 성취로 이어질 것이다. 대표 강점은 치유하는 힘이 있고, 웃음을 선사하며 만족과 행복에 이르게 한다. 행복 스위치를 켜고 끌 수 있는 사람은 바로 당신이다! 날마다 감사하며 기쁘고 행복하게 성취하는 삶을 살아가보자. 모두가 행복과 번영을 향해 당당히 걸어가는 멋진 여정을 만들기를 진심으로 응원한다.

당신의 제2막이 눈부시게 빛나기를 소망한다.

나정자
고려대명강사최고위 21기
총괄회장

Mobile
010-5678-9979

Email
morning9288@naver.com

학력 및 경력 사항
- 동방문화대학원 대학교 사회복지학 박사
- 제일유치원 원장(전)
- 요양보호사 교육원, 재가센터 법인 대표이사
- 서정대학교 겸임 교수(현)
- 힐링 재가복지센터 대표(현)
- 대한노인회 노인자원봉사지원본부 운영위원(전)

강의 분야
- 사회복지학, 교육학, 노인문제, 동기부여, 건강

자격 사항
- 사회복지사, 교원자격증, 사회복지레크리에이션 1급
- 노인복지레크리에이션 1급, 웃음치료사 1급
- 어린이집평가인증, 보육교사, 요양보호사, 간호조무사
- 한식조리사, 명강의 명강사, 부모교육상담사, 스피치지도사
- 리더십지도사, 기업교육, 노인교육, 평생교육, 인성지도사

수상 내역
- 외교 통상부 장관상, 서울 특별시장상

저서
- 고려대 명강사 25시(공저): 내 부모는 남의 손에
- 노인이 인식하는 차별 경험이 정신 건강에 미치는 영향
- 유니버설 디자인 관점에서의 노인 의료복지시설 안전성 연구

CHAPTER 4

내 부모는 남의 손에

우리 부모님들은
우리들의 어린 시절을 꾸며주셨으니,
우리는
그들의 말년을 아름답게 꾸며드려야 한다.
- A. 생텍쥐페리

초고령화 시대의 자식들

딸과 엄마는 잦은 마찰로 애증의 관계이다. 아들들은 아내의 의견이나 주장에 부딪히고 싶지 않다. 대부분의 며느리들은 시어머니를 자신과 의견이나 사고방식이 달라 잘 맞지 않는 분이라고 생각한다.

고부 갈등은 오래된 문제다. 새어머니가 배다른 자식에게 미움은 없지만 친자식에게 느끼는 것과는 다른 모정을 갖듯이, 시어머니도 며느리를 자식처럼 여기면서도 아들에게 느끼는 모성애와는 다른 감정을 가진다. 이러한 감정으로 인해 시어머니는 며느리의 모든 일에 간섭하고 자신의 뜻대로 하려고 한다. 가뜩이나 시댁과 친정의 풍습이나 환경 차이로 위축되기 힘든 상황에서 며느리들은 시어머니를 더 이해하기 어려운 상황에 놓인다.

요즘 대부분의 며느리들은 시댁 방문을 자주 하지 않고 남편을 보내거나 본인의 이해관계가 있거나 꼭 필요하다고 느낄 때만 방문한다. 물론 모든 며느리들이 그렇다는 건 아니지만 상당히 많은 며느리들이 그러는 것 같고 아들들은 아내의 결정에 침묵한다.

이에 많은 어르신들이 며느리에게 시키지 못한 시집살이를 자신을 돌봐 주는 요양보호사에게 시키는 것이 현실이다. 요양보호사에게 이것보다 더 힘든 것은 "반지가 없어졌다." "접시가 없어졌다." "돈이 없어졌다." 하며 도둑 취급을 하고 해고하는 일이다.

그러나 더 끔찍한 상황은 남자 어르신들의 성적인 발언과 성추행 등 분노를 유발하는 행태이다.

요양보호사는 이직률이 높은 편인데 이러한 사건들이 크게 영향을 주고 있다고 해도 과언이 아니다. 다만 대부분이 치매의 일종인 성적 치매로 인한 것이기 때문에 요양보호사들은 힘든 상황에서도 환자들에 대해 연민의 마음을 먼저 갖는다. 그래서 트라우마가 남더라도 상담이나 교육을 통해 이겨내면서 근무하는 실정이다.

어르신보다도 항상 보호자들과의 마찰 때문에 센터 운영에 적지 않은 어려움이 발생한다. 가족들이 해야 할 일과 요양보호사들이 해야 할 일이 따로 있는데, 일부 보호자들은 부모님이 편찮으실 때 간병인이나 요양보호사에게 모든 돌봄을 맡기기도 한다. 직장 일로 바쁘다거나 올 수 없는 상황이 아닐 때도 부모님을 남의 손에 맡기는 것에 대해 불편해하거나 슬퍼하지 않고 오히려 당당하다.

한국 사회에서는 부모님이 살아 계시는데도 사회복지시설(고아원)에서 자라는 아이들이 있다. 물론 부모가 이혼을 하거나 특별한 사정이 있는 경우도 있다. 하지만 그곳 아이들은 정신건강에 큰 문제를 겪으며 자란 후 사회에 부적응하거나 범죄에 노출되는 등 사회 문제가 되기도 한다.

 어르신들도 마찬가지의 경우가 있을 수 있다. 자녀들이 있는데도 요양원에서 사시는 분들이 많다. 고아원 시설이 아무리 좋아도 부모님과 함께하는 집보다 좋을 수 없음을 우리는 알고 있다. 요즘 본인의 집에서 충분히 지낼 수 있는 어르신들이 요양원에 보내지고 자식들이 부모님의 집을 없애 버려서 돌아갈 곳이 없는 어르신들도 많이 볼 수가 있다.

 흔히들 사랑은 '내리사랑'이라고 한다.

 아동복지로 유치원을 운영하다가 노인복지인 요양원, 재가복지센터를 운영해 보니 내리사랑이라는 말을 매우 많이 실감한다. 물론 부모도 부모 나름, 자식도 자식 나름이겠지만 말이다.

 아까도 말했듯이 요양보호사들에게 시어머니 노릇을 하는 어르신들이 계신다.

 "우리 엄마는, 우리 아빠는 욕도 못 하시고 남한테 싫은 얘기도 못 하세요."

 자식들은 부모가 치매에 걸려도 잘 모른다. 누가 알려줘도 믿지를 못한다. 물론 다 그런 건 아니지만 많은 자녀들이 부모님이 아직도 여전히 건강해서서 도움이 필요한 상황이라는 것을 모르거나 모른 척하고 있다.

 정부의 노인복지정책인 노인장기요양보험제도에서의 장기요양 등급판정을 받아서 요양보호사라도 방문해서 도움을 드리고 있다면 다행이지만 방치된 분들도 많아서 안타깝다.

2008년부터 실시된 노인장기요양보험제도에 따라 국가 자격증이 있는 요양보호사가 보건복지부령으로 노인들의 신체활동, 정서활동, 가사활동 등의 지원 업무를 전문적으로 수행하지만 현실에서는 국가 전문 자격인이라는 인식이 많이 부족하다.

연세 많으신 어르신들은 요양보호사를 옛날 식모처럼 대하시거나 하인처럼 대하시기도 한다. 현재, 평균 수명이 빠르게 증가하고 장기요양 돌봄이 필요한 인구가 빠른 속도로 늘어가는 실정에서 요양보호사의 수요도 많아지고 있다. 그런 만큼 요양보호사를 대하는 사회적인 인식 개선이 매우 시급한 게 현실이다.

어르신들이 젊음을 바친 덕분에 우리는 풍요로움과 윤택함을 누리고 있다. 그렇기에 그들은 당연히 존경받아야 하고, 충분한 복지도 누려야 하지만 노인복지의 현실은 아직도 정책적으로 많은 개선과 지원이 필요하다.

결론적으로 우리 모두의 미래를 위해, 어르신 복지 지원과 요양보호사의 인식 개선에 국가와 사회가 적극적으로 나서야 한다.

요양사 지원

오랜 시간 유아 교육을 통해 지역사회 발전에 조금이나마 기여해 왔던 나는 초고령화 사회 진입이라는 사회적 변화에 맞춰 노인복지 사업인의 길을 걷고 있다. 특히 최전선 현장에서 대변 소변 가리지 않고 어르신들을 돌보는 실무자들의 정신적 신체적 건강이 곧 노인복지 선진국의 근간이 된다는 신념을 실천하고 있다.

성북구 노블레스타워에서 요양보호사 공동 휴게 시설을 운영하고 있는데, 요양보호사들이 쉴 수 있도록 따뜻한 온돌방, 식사 공간, 운동 및 마사지 시설 등을 제공하고 있다. 이를 통해 요양보호사들이 심신을 재충전하고 삶의 질을 높여 어르신들에게 더 나은 돌봄 서비스를 제공할 수 있도록 지원한다. 이곳에서 그분들이 스트레스를 해소하고 담소를 나누며 행복과 웃음을 되찾아 즐겁게 근무하기를 바란다.

요양보호사의 처우 개선에는 임금 인상, 근무환경 개선, 복지 및 지원 확대, 고용안정 및 경력인정 사회적 인식 개선 등이 필요하다.

현재 정부에서 정책적으로 장기요양 수가 인상, 교육비 지원, 장기요

내 부모는 남의 손에

양기관 평가 연계 인센티브 등을 시행하고 있지만 현장에서 근무하는 요양보호사들의 현실에 미치지 못하는 것이 현실이며 추후 정부나 지자체의 지속적인 지원이 매우 필요하다.

이러한 정책 실현은 어르신들의 복지 선진화와 국민의 삶의 질 향상으로 이어질 것이다.

요양보호사에 대한 인식 개선이나 지원의 노력을 국가나 지자체에만 맡길 것이 아니라 누구라도 형편에 맞게 다양한 방식으로도 노력해야 한다고 생각한다.

보호자의 인식 개선

　장기요양등급을 받은 어르신의 보호자에 대한 인식 전환도 매우 필요하다. 정서적 심리적 부담, 경제적 부담, 정보 부족 및 행정의 어려움, 돌봄 갈등, 제도적 사각지대 등 다양한 측면에서의 보호자 고충이 있다. 보호자의 입장을 이해하지 못하는 것은 아니지만 요양보호사들이 가장 힘들어하는 부분도 보호자로 인한 것이다.

　요양보호사들은 어르신이 아무리 힘들게 해도 환자이기 때문에 이해하고 고충 상담으로 문제를 해결하려고 하고 있다. 하지만 보호자들은 장기요양보험제도에 대한 낮은 인식으로 요양보호사들을 가사 도우미 수준으로 대하고 있어 갈등이 반복되고 있다.

　업무만으로도 힘든 상황에서 휴일이나 밤늦은 시간까지 요양보호사들에게 전화해 업무 지시를 하거나 불만 사항을 얘기하는 보호자들이 있다. 짧게 얘기해도 되는 얘기를 길게 반복해서 전화를 붙잡고 말하는 등 사생활을 침해하기도 하는 것이다.

　황당하게도 이미 출근해서 어르신 댁에 거의 도착했는데 "오늘은 근무하지 마세요."라고 일정을 보호자가 마음대로 바꾸기도 한다. 어르신 드실 음식을 해놓았는데 가져가 버리기도 하고, 보호자 가족들이 와서 음식을 시켜 먹거나 해 먹고 치우지 않고 잔뜩 어질러놓고 가기도 한다. 더 심한 것은 씻고 다듬어서 요리하려고 준비해 놓은 재료들을 요리해서 먹고 다 없애버리고 가버리기도 한다.

출근해서 바로 식사를 드려야 하는데 시장도 보고 재료를 손질해서 식사를 드리면 어르신이 "배가 고프다 왜 이리 늦냐." 하시면서 요양보호사한테 화도 내시고 요양보호사와 사이가 나빠지기까지 한다. 대부분의 어르신들이 조금씩은 치매가 있으신데 이해를 못하고 부모님 얘기만 듣고 요양보호사 말을 믿지 않거나 오해를 해서서 작은 문제를 확대 해석한다든지 요양보호사를 하루아침에 교체해 달라는 경우도 많이 있다.

오죽하면 보호자 앞에서 파리 목숨이라며 한탄을 하기도 한다.

센터에 소속되신 어르신 중에 96세이신데 오른쪽 편마비로 거동이 불편하시고 식사도 많은 도움을 받아야 가능하신 분이 계신다. 변실금도 심하셔서 기저귀는 언제나 변으로 젖어 있고, 항문과 생식기 주변이 빨갛게 헐고 부어서 기저귀를 자주 갈아 드려야 하고 하루에도 몇 번씩 씻겨 드리고 잘 말려서 연고를 바르거나 파우더를 발라 드려야 한다. 그런데 기저귀 케어를 할 때마다 자위를 하시느라 변을 튀겨서 요양보호사 얼굴에 변이 묻고 심지어 "흔들어 주라." "만져 주라."라고 하시는 것이다. 이런 상황이니 다들 기겁을 하고 아버님을 못 돌보겠다고 해서 그 어르신 댁 돌봄이 원만하지 않고 계속 요양보호사가 바뀌는 상황이 되는데 보호자들은 우리 아버지는 그러실 분이 아니라고 하며 CCTV 설치도 하지 않으시니 정말 난감했다. 게다가 어르신은 귀도 잘 안 들리셔서 상담에서 대화도 잘 되지 않는 상황이었는데, 자녀들에게는 여전히 위엄 있고 점잖으신 것이다. 그런데 하루도 요양보호사 없이는 안 되는 형편이니 보호자들과 끈질긴 상담을 통해 보호자가 먼저 상황을 인정하게 됐다. 이후 아드님이 아버지를 계속 설득했으며, 며느님은 특별한 날 아버님을 위한 건강식을 해올 때 요양보호사의 건강식도 챙겨 오는 등 감사의 표시를 하게 됐다. 이런 노력 끝에 요양보호사는 보호자와의 정서적 교감과 상담으로 애로사항을 잘 해결해나가게 됐고, 그때부터 요양사가 바뀌지 않고 서비스가 원활하게 지속됐다. 이는 보호자의 역할이 진짜 중요하다는 생각을 하게 하는 사례였다.

이러한 사례도 있었다. 어르신은 96세로 연세는 많지만 인지도 좋으시고 고기를 좋아하셔서 지팡이를 사용해 식당에 가시고 딸이 말썽을 피울 때는 나에게 직접 전화를 걸어서 "오늘은 요양사 보내지 마세요." "내일은 요양보호사 꼭 보내주세요."라고 하실 수 있는 분이셨다. 사실 대부분 등급이 있는 어르신들은 혼자서 직접 전화를 못 하시는데 어르신은 연세에 비해 인지가 좋으신 편이셨다. 그 어르신 댁은 요양보호사가 너무 많이 바뀌는 게 소문이 나서 센터도 요양보호사도 회피하는 상황이었다.

나도 그 어르신 댁 요양보호사 교체가 너무 심해 서비스를 종료했다가도 어르신의 간절한 부탁에 요양보호사를 보내주곤 했는데 내가 상담을 가도 보호자가 못 들어오게 한다든지 대화 도중에도 비난과 욕설로 나가라고 소리소리 지르고 내쫓아버리는 것이다.

대표인 나한테도 복지사들에게도 이러는 상황이니 요양보호사들에게는 오죽하겠는가! 빨래면 빨래, 음식이면 음식 사사건건 도저히 일반적이지도 상식적이지도 않은 지적을 하면서 쫓아다니고 고함을 지르면서 혼을 내니 요양보호사들도 나이가 있고 경험도 많은데 견딜 수 없는 것이다. 요양보호사들이 어르신이 불쌍하다면서 견뎌 보려고 애를 쓰다가도 결국은 포기해버리고 만다. 대상자 본인이 힘들게 하는 것이라면 어찌하겠지만 연세 드신 아버지를 지팡이로 때리기까지 하는 보호자가 무서워서도 못 가겠다고 하니 보호자에 따라 어르신들의 서비스가 완전히 달라지는 것이다. 그 어르신에게는 아드님과 따님이 계셨는데 그 아들 보호자에게 사정 얘기를 해 봐도 누님이라 자신도 어쩔 방법이 없다고 하시니 정말 안타깝고 힘들었다.

아들, 딸이 돌보겠다고 했던 주말이 지난 어느 월요일 어르신의 간곡한 요청으로 요양보호사를 데리고 방문해 보니 휴대폰을 손에 꼭 쥔 채 침대 바닥에 떨어져 운명해 계셨다.

그토록 영리하셨던 어르신이 119에 전화를 하지 않으시고 왜 나한테 전화를 하셨을까. 나와 통화 후 전화를 끊고 떨어지신 건지, 금방 돌아가셨는지 그때까지는 따뜻했던 손과 발이 아직도 눈에 선하다. 나한테 연락을 받고 온 아들과 딸이 주말에 왜 안 왔냐고 서로 탓하며 소리 지르며 싸우던 모습이 끔찍했고 몸서리쳐진다.

너무 극단적인 사례가 아닌지 의아해하겠지만 더 심한 사례도 많이 있는 게 현장이다.

노인장기요양보험제도의 현실과 과제에 대한 제언

노인장기요양보험제도의 현실은 급속한 고령화에 따른 수요가 증가하고 있으며 등급체계의 한계 및 요양서비스 질의 편차가 크며, 가족 보호자의 부담이 지속되고 있으며, 정부의 재정 불균형과 지속가능성도 우려되는 게 현실이다.

노인장기요양보험의 과제로는 재정의 지속 가능성 확보, 서비스 질 향상 및 지역 간 격차 해소, 요양 인력 확보 및 처우 개선, 경증대상자에 대한 유연한 지원 확대, 가족보호자 지원제도 강화가 있을 수 있다.

제도에 대해 제언하자면 등급체계 유연화 및 맞춤형 지원이 확대되어야 한다.

- 등급 기준 완화: 신체 기능뿐 아니라 인지기능, 심리 상태, 가족 상황도 반영해야 한다.
- 지역사회 통합 돌봄 모델 확대: 2026년 3월 통합돌봄지원법이 시행 예정이나 현재 시범 사업도 많은 지역에서 인식 개선 없이 진행되

고 있다.

- 요양보호사 등 돌봄 인력 처우 개선: 인건비 가산제 확대, 야간 및 주말 수당 강화, 정규직 채용 유도 및 직무교육, 인증 체계 강화가 필요하다.
- 가족보호자 지원 정책 별도 신설: 가족 돌봄 별도 수당, 심리상담, 정보제공 서비스 등의 신설이 필요하다.
- 재정 구조 개편: 공공재원 확대 및 건강보험과의 연계 조정을 검토해야 한다. (현재는 장기요양보험료로 운영)

노인장기요양보험은 단순한 돌봄의 문제가 아니라, 우리 사회의 노후 안전망이자 세대 간 연대의 핵심이다. 지속 가능한 제도로서 기능하기 위해선 재정 구조 개편, 서비스 품질 향상, 가족 중 돌봄을 전담하는 인력에 대한 부담 경감, 그리고 요양 인력의 전문성과 존중을 동시에 고려해야 한다.

남의 손에 부모를 맡기는 현시대를 살아가는 우리는 그럴 수밖에 없는 이유도 다양하다.

하루에 삼시 세끼 먹는 것에 감사했던 시대에는 상상도 못 했던 많은 것들이 필요하고 욕심과 욕망을 위해서 진짜 소중한 것들을 쉽게 버리고 채워도, 채워도 채워지지 않은 갈증 속에서 만족하지 못한 채 쉽게 목숨마저도 버리는 세상에 살고 있다.

효는 모든 도덕의 기본이지만 기본에 시간도 금전도 내어주지 않는 삶은 개인을 망치고 사회도 망치고 있다.

　남의 손에 부모를 맡길 수밖에 없는 현실은 점점 심해질 것이므로 내 부모를 위해 일하는 그 손을 잡아 주고 감사해야 할 것이다.

　자녀 대신 어르신의 돌봄을 책임지고 있는 요양보호사의 그 손은 더 부드럽고 더 따뜻하며 사랑이 깃든 손이 되어야 할 것이다.

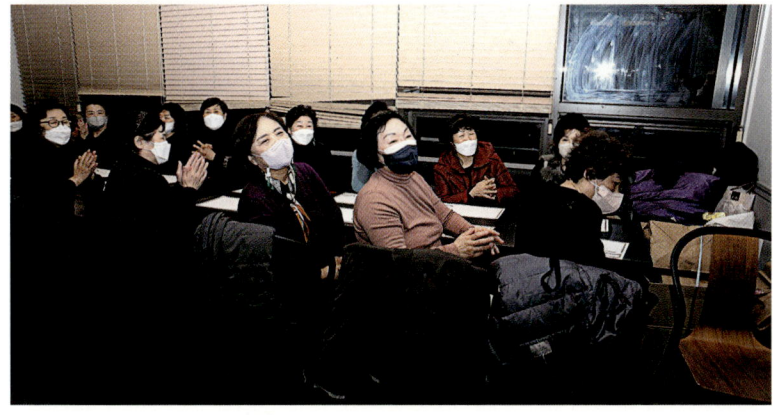

문진희
**고려대명강사최고위 21기
봉사회장 겸 윤리심판**

Mobile
010.5051.7810
Email
mjh26221@gmail.com

학력 및 경력 사항
- 2017년 2월, 군장대학교 생활체육학부 생활체육과 졸업
- 2025년 7월 고려대명강사최고위과정 수료
- 2025년 ~ 대한축구협회 심판분과 위원장
- 2021년 ~ 2022년 대한축구협회 심판분과 위원장
- 2020년 대한축구협회 심판 평가관
- 2019년 대한축구협회 심판 평가관, 프로축구연맹 심판위원 및 평가관
- 2017년 ~ 2018년 대한축구협회 심판분과 부위원장
- 2013년 ~ 2016년 김제시축구협회 실무 부회장
- 2012년 ~ 현재 심판 체력강사
- 2002년 ~ 2012년 프로축구연맹 프로 심판(주심)
- 2009년 ~ 2012년 김제시축구협회 전무이사
- 1992년 ~ 2007년 김제시축구협회 전무이사
- 1985년 ~ 1991년 육군 특전사 707(중사 전역)
- 2014년 제17회 인천아시안게임 축구심판 피지컬 강사 파견
- 2013년 ~ 2016년 전라북도 목회자 축구팀 테크니컬 코치 봉사
- 2009년 ~ 2016년 FC필로스 여성 풋살팀 단장 및 감독 봉사
- 1994년 ~ 1997년 김제초등학교 유소년 축구팀 감독 봉사
- 1988년 제24회 서울올림픽 707대테러 임무 수행
- 1986년 제10회 서울아시안게임 707대테러 임무 수행

자격 사항
- KFA 1급 심판, KFA 심판 체력 강사, KFA 심판 평가관
대한적십자사 응급처치법 강사, 명강의 명강사 1급
리더십 지도사 1급, 부모교육 상담사 1급, 스피치 지도사 1급
기업교육 상담사 1급, 인성 지도자 1급, 노인 교육 강사 1급
평생 교육 강사 1급, 시니어 교육 강사 1급, 가족 상담 치유사 1급

수상 내역
- 김제 죽산면민의장 체육상
전국대학추계연맹전 최우수 심판상
금석배 전국 학생 축구대회 최우수 심판상
부산 MBC 전국 고교 축구대회 최우수 심판상

저서
- 고려대 명강사 25시(공저): 말의 무게 - 침묵 너머, 진심을 심판하다

CHAPTER 5

말의 무게 - 침묵 너머, 진심을 심판하다

프롤로그

오늘날 우리는 말을 너무 쉽게 내뱉는 시대에 살고 있다.

사실로 확인되지 않은 이야기, 누군가의 인생을 너무도 가볍게 재단하는 말들이 아무렇지 않게 떠돌아다닌다. 그 말이 누구에게 닿을지, 어떤 상처를 남길지에 대해서는 깊이 생각하지 않는다. 그러나 말은 보이지 않는 칼과도 같아 눈에 보이지 않지만, 마음을 깊이 베어내고, 한 번 발화된 말은 결코 지워지지 않는다. 어떤 말은 사람을 일으켜 세우기도 하지만 반대로, 어떤 말은 사람을 무너뜨리기도 한다. 이러한 능력이 세 치 혀에 있음을 간과하고 우리는 그 무게를 잊은 채 너무 쉽게 말하고 댓글 하나, 농담 한마디, 툭 던진 비난이 대수롭지 않다고 여긴다.

나는 축구 심판이라는 자리를 통해 말의 무게를 자주, 그리고 깊이 체감해왔다. 심판은 경기 중 늘 빠르고 정확한 판단을 내려야 한다. 정해진 규칙 안에서, 주어진 시간 안에, 공정하게 결정을 내려야 하는 자리다. 하지만 경기가 끝나면 누군가는 반드시 패배하게 마련이다. 그리고 그 순간, 심판은 패배의 가장 손쉬운 비난 대상이 된다. 판정이 아무리 정확했더라도, 누군가의 기대와 다른 결과가 나오면 비난은 거침없이 쏟아진다.

나는 이 현실을 마주하며 늘 스스로에게 되묻는다.

"정말 이 말을 해야 할까? 이 진실을 말하는 것이 옳은 일일까?" 그럴 때마다 더 무거운 침묵이 나를 짓누른다. 잘못된 것을 알면서도 말하지 않는 것, 그것 역시 또 다른 책임이라는 것을 나는 알고 있다.

그래서 오늘도 나는 진심을 담아 말한다. 진실을 말하는 것은 단순히 '옳은 것'을 말하는 것으로 그치지 않는다. 그 말이 닿을 이의 삶과 마음, 그 진실이 불러올 파장까지 함께 책임지는 일이다. 진심이란, 결코 가벼운 마음으로 꺼낼 수 있는 말이 아니다.

그럼에도 세상은 정반대로 흐른다. 진심은 조롱당하고, 거짓은 때론 인기를 얻고 힘이 되기도 한다. 사람들은 듣고 싶은 말만 듣고, 보고 싶은 것만 본다. 그 사이, 진실을 말하려는 이는 점점 외로워진다. 진실은 말할수록 고립되고, 침묵할수록 왜곡되는 경우가 허다하다. 그럼에도 불구하고 나는 오늘도 축구심판위원장으로서, 조용하지만 단단한 목소리로 말하고자 한다.

나는 다시 말의 무게를 기억해야 한다. 말은 곧 사람이다. 그 사람이 걸어온 시간, 지켜온 신념, 마음속 깊이 품고 있는 진심이 말에 배어 있다. 말이 너무도 가벼워진 시대지만, 여전히 어떤 이들은 말의 무게를 알고, 그것을 지키며 살아간다. 나 역시 그러한 사람이고자 한다. 심판으로서, 그리고 한 사람으로서, 나는 말의 무게를 외면하지 않으며 살아가고자 했다.

경기장에서 수없이 많은 말들이 쏟아진다. 모두가 말하지만 아무도 귀 기울이지 않는 상황 속에서도, 나는 공정함과 진심, 그리고 책임을 담은 말을 하고자 했다. 때로는 오해를 감수하며, 침묵이라는 다른 방식으로 진실을 말하는 용기를 냈다. 그것이 불가능을 가능하게 만들기도 했다.

내가 심판위원장으로서 불어온 휘슬은 언제나 공정함을 향해 달리려 노력했다. 그리고 내가 심판으로서 배운 리더십은 결국 '말의 용기'에서 비롯되었다. 그 용기로 나는 축구계의 기반을 단단히 다지고자 했다.

때로는 외롭고 고된 길일지라도, 나는 정의로움을 갖고 흔들림 없이 그 길을 걸어가려 한다.

축구심판은 단지 경기의 결과만을 판정하는 사람이 아니라, 정당한 교육과 평가, 배정시스템 그리고 심판 교육에 필요한 전문 강사의 육성과 발굴 업무도 담당한다. 그래서 나는 대한민국 축구심판위원장으로서 축구 심판 문화를 바꾸는 데 힘을 보태고 싶었다. 내가 믿는 리더십은 청렴과 공정, 그리고 용기이기에 그것이 비록 구태의연하게 느껴질지라도, 나는 그것이야말로 스포츠의 기본이라고 믿는다.

말의 무게를 아는 사람으로서 공정함과 진심, 그리고 책임을 담은 말이 결국 이 문화를 바꿀 수 있다고 믿는다. 축구심판위원장으로, 강사로 이 시대에 단단한 한 축을 그리며 남고자 한다.

그 첫걸음을, 이 책에서 시작하고자 한다.

모두가 말하지만,
아무도 듣지 않는다

축구 경기가 끝나면, 그라운드 위엔 서로 다른 감정이 교차한다. 어떤 이는 기쁨에 팔을 들어 올리고, 또 다른 이는 고개를 숙인 채 천천히 걸어 나온다. 승리의 기쁨은 대체로 조용하다. 말없이 서로 눈빛을 교환하며, 안도의 한숨을 삼키듯 환희를 누린다. 그러나 패배의 감정은 그렇지 않다. 분노와 아쉬움은 쉽게 입 밖으로 새어 나오고, 그 비난의 화살은 어김없이 한 방향을 가리킨다. 바로 심판이다.

"심판 판정만 아니었으면 우린 이길 수 있었어."
"완전히 편파판정이었잖아."
"심판이 경기를 망쳤어."

이런 말들을 들을 때면 나는 생각한다. 심판이라는 자리는 애초에 이길 수 없도록 짜인 운명을 가진 것은 아닐까. 단 몇 초 안에 중요한 결정을 내려야 하고, 그 결정은 감독, 선수, 수많은 관중 앞에서 고스란히 드러난다. 누구 하나 불편한 감정 없이 받아들이길 기대하기엔 무리다. 그럼에도 불구하고 심판은 오늘도 휘슬을 입에 문다. 경기의 중심에서 누구보다 객관적으로, 누구보다 인간적인 판단을 내려야 하기 때문이다.

나는 대한축구협회KFA에서 심판들의 배정과 교육, 미래 심판 양성, 그리고 강사의 육성까지 모든 것을 총괄하고 있다. 한 경기의 성패를 좌우할 수 있는 중요한 역할의 심판을 각 경기의 특성과 중요도에 따라 가장 적절한 이에게 맡기는 일. 단순히 연차나 경험만을 보는 것이 아니다.

심판들의 최근 체력 상태, 훈련 이력, 심리적 안정도까지 모두 고려의 대상이다. 폴라POLAR 장비를 통해 매일 들어오는 체력 훈련 데이터를 하나하나 검토한다. 한강을 얼마나 달렸는지, 등산은 어느 정도 했는지, 최근 경기 중 어떤 움직임을 보였는지까지 확인한다. 이러한 정보들이 쌓이고 해석될 때, 한 사람의 심판이 얼마나 준비된 상태인지 객관적으로 파악할 수 있다. 이 모든 과정은 단지 행정적인 절차가 아니다. 경기의 공정성을 위한 기본 토대이며, 선수와 감독, 팬 모두가 납득할 수 있는 심판 배정을 위한 최소한의 노력이다.

정작 경기장 밖에서는 이런 노력들을 알지 못한다. 결과만이 모든 것인 양 인식되고, 그 안에 담긴 수많은 땀과 준비 그리고 고민은 외면당한다. 심판 한 사람의 하루하루, 그가 심판복을 입고 경기장에서 휘슬을 불기까지 얼마나 많은 준비를 했는지는 아무도 궁금해하지 않는다.

이런 상황 속에서 나는 스스로에게 자주 묻는다.

"우리는 정말 서로의 말을 듣고 있는가?"

요즘 세상은 유난히 시끄럽다. 뉴스도, SNS도, 대화마저도 목소리를 높이는 것에 익숙하다. 모두가 말하고, 모두가 외치지만 '듣는 사람'은 점점 사라지고 있다. 듣는 법을 잃어버린 사회. 결국 아무리 진심을 담아도, 아무리 사실을 말해도, 그 목소리를 받아줄 누군가가 없다면 모든 말은 허공으로 흩어질 뿐이다.

진실은 원래 조용하다. 격하지 않고, 과장하지 않으며, 그저 담백하게 존재할 뿐이다. 하지만 세상은 그런 진실에 눈길을 주지 않는다. 더 자극적인 이야기, 더 크고 격한 말들에만 반응한다. 미디어는 감정적인 이야기로 가득 차고, SNS는 하루에도 몇 번씩 분노가 소비된다. 거짓은 자극적인 언어로 쉽게 주목을 끌고, 조용한 진실은 그늘로 밀려난다. 그렇기에 나는 안다. 어떤 억울함도, 간절한 외침을 들어주는 이가 없으면 결국 아무 의미 없는 메아리가 되고 만다는 것을. 수많은 말들이 떠돌고 있지만, 그 안에서 누군가의 진심은 얼마나 자주 사라지고 있는가.

말로 표현하기조차 어려운 외로움. 그 감정을 나는 심판들의 얼굴에서, 때로는 내 일상 속에서 자주 마주친다. 그럼에도 불구하고 나는 말한다. 누군가 들어주길 바라서가 아니다. 오히려, 그 진심이 사라지지 않기를 바라는 마음에서다. 아무도 듣지 않아도, 진실은 존재한다. 조용하고, 단단하게. 언젠가는 분명히, 그 진실이 닿을 누군가가 있을 거라 믿는다. 그래서 나는 오늘도 스스로에게 묻는다.

"당신은 지금, 누군가의 진실에 귀 기울이고 있습니까?"

오해받는 침묵,
말하지 않을 용기

"안 되면 되게 하라."

내가 세상을 보는 기준은 다소 선명하다.

흐릿하거나 애매하게 남겨두는 것을 좋아하지 않는다. 명확히 구분하고 싶고, 책임을 명확히 하고 싶다. 이런 성향은 어린 시절부터 이어진 것이기도 하지만, 무엇보다도 특전사 707부대에서의 시간이 내게 확고한 기준을 심어주었다. 나는 그곳에서 중사로 전역했다. 나에게 매일이 생존의 훈련이었고, 선택이 아니라 운명처럼 주어진 임무들을 완수해냈다. 그렇게 단련된 날들 속에서 내가 가장 크게 배운 건, '참는 법'과 '판단하는 법'이었다.

707부대의 훈련은 단지 몸을 단련시키는 것에 그치지 않았다. 생사를 넘나드는 혹독한 훈련을 통해 언제 어떤 상황에서도 냉정함을 잃지 않는 법, 그리고 무엇보다 옳고 그름에 대한 감각을 잊지 않는 법을 익혔다. 대테러 임무를 수행하며 눈앞에서 누군가가 잘못된 선택을 하거나, 정의롭지 못한 일이 벌어졌을 때 누군가가 죽거나 다칠 수 있는 상황들을 겪으며 침묵하지 않는 용기, 나는 그 가치를 뼛속 깊이 새겼다. 그래서일까? 지금의 나는, 심판위원장이라는 자리에서도 여전히 그 '옳음'에 대해 고민하고, 어떤 상황에서도 흔들리지 않으려 노력하고 있다. 하지만 세상은 언제나 그렇게 이해해주지는 않는다. 불의를 보면 참지 못하고 말하는 모습, 단호하게 의견을 표현하는 모습만 보고 누군가는 나를 "거침없다."라고 표현한다. 또 누군가는 나를 정의감에 몰입된 사람이라 말한다. 물론, 그런 인식이 생겨날 수도 있다. 나는 종종 침묵을 깨고, 때로는 불편한 진실을 드러낸다. 하지만 정작 내가 어떤 마음으로 그 말을 꺼냈는지 묻는 사람은 없다.

실제로 나는 쉽게 말을 꺼내는 사람이 아니다. 오히려, 대부분의 상황에서 나는 말하고 싶은 충동을 꾹 눌러 삼킨다. 어떤 상황을 마주할 때면 마음속에서는 수많은 말들이 맴돌지만, 그 말들이 입 밖으로 나오기까지는 많은 고민과 시간이 필요한 성향이다. 어떤 말은 불쑥 내뱉는 순간 칼날이 되고, 또 어떤 말은 말하지 않음으로써 더 큰 울림을 남기기도 한다. 그래서 나는 늘 스스로에게 묻는다.

'정말 지금, 이 말을 해야 하나?'
'누군가는 상처받지 않을까?'
'그 말은 나를 위한 것일까, 아니면 누구를 위한 것일까.'

이런 질문의 끝에서 나는 종종 침묵을 선택한다. 그것은 비겁해서가 아니라, 오히려 더 큰 용기를 필요로 하기 때문이다. 말하고 싶은 욕구를 억누르는 것은 때론 말하는 것보다 어렵다. 나는 그 어려움을 감수하며 침묵을 택한다. 하지만 세상은 그 침묵마저도 오해한다. 내가 잠시 내뱉은 한마디, 혹은 묵묵히 지켜보다 내린 판단 하나를 보고 "참지 못하는 사람"이라 단정 짓는다.

분명 말해야 할 때, 내가 입을 연 적도 있다. 그것은 나의 감정을 표현하기 위한 것도, 나의 생각을 강요하기 위한 것도 아니었다. 그 순간, 아무도 말하지 않기에. 누군가는 말해야 했고, 그 자리에 내가 있었다는 이유만으로 용기를 냈을 뿐이다. 그러나 시간이 흐를수록 그런 선택은 점점 더 어렵게 다가온다. 말 한마디에 쏟아지는 관심, 오해, 때로는 공격. 그것을 감당하는 일이 점점 더 부담이 된다. 그래서 어느 순간부터, 나는 침묵을 택하는 일이 더 많아졌다. 예전 같으면 한마디 했을 자리에서도, 이제는 조용히 눈을 감고 마음속으로 삼킨다. '내가 변한 걸까? 아니면 세상이 나를 이렇게 바꿔놓은 걸까?' 스스로를 향한 질문이 점점 더 깊어간다. 말하고 싶은 마음은 여전하지만, 그 말 뒤에 따라올 후폭풍이 이미 눈앞에 선명하다. 그래서 나도 모르게 스스로에게 다독인다. '말하지 말자, 지금은 때가 아니다.' 어쩌면 그 말이 나를 지켜줄지도 모른다는 착각에서, 어쩌면 침묵이 더 나은 선택이라는 체념에서 그렇게 나도 조금씩 변해간다. 그 변화가 낯설기도 하고, 때론 두렵기도 하다. 진실을 알면서도 말하지 않는 내가, 과연 현명해진 것인지, 아니면 또 다른 외면을 선택한 것인지 혼란스러울 때가 많다. 하지만 나는 믿고 싶다.

침묵 역시 용기일 수 있다는 것을. 말하지 않는 것이 비겁함이 아니라, 더 깊은 생각과 배려의 결과일 수 있다는 것을.

나는 여전히 진실을 본다. 그리고 그 진실을 내 안에서 곱씹는다. 말하지 않았다고 해서 외면한 것은 아니다. 언젠가, 반드시 말해야 할 순간이 온다면, 그때는 내 안에 담아둔 말들을 꺼낼 준비가 되어 있을 것이다.

그래서 나는 오늘도 조용히 내 안의 목소리를 듣는다. 세상의 소음 속에서, 가장 정직한 나의 생각을 붙잡는다. 그리고 그 안에서 다시 한번 조용히, 묻는다.

'지금, 정말 말해야 할까?'

나는 진실을 말한다,
그러나 다르게

침묵은 늘 나에게 익숙한 태도는 아니었다. 하지만 어느 순간, 나는 그것을 삶의 한 방식으로 체득하게 되었다. 말 한마디가 돌아오는 후폭풍을 감당해야 했던 일들 속에서, 나는 말하는 것을 참는 것이 오히려 스스로를 보호하는 길이라 생각했다.

처음에는 의외로 쉬웠다. 생각을 멈추고, 감정을 억누르고, 시선을 피하며 '그냥 조용히 있자.'라고 되뇌면 되었다. 그러나 그것이 반복될수록 나는 점점 내가 누구였는지를 잊어갔다. 말을 삼키며 얻은 평화는 실은 고요한 외면이었고, 그렇게 지켜낸 나 자신은 점점 무뎌진 존재였다.

나는 진실을 말하고 싶었다. 어떤 특별한 목적도, 특정인을 겨냥한 비판도 아니었다. 다만, 내가 알고 있는 사실을 말함으로써 누군가가 상황을 더 잘 이해할 수 있기를 바랐고, 그것이 공정한 판단을 돕기를 바랐다. 그뿐이었다. 하지만 그 단순한 바람은 현실에서 통하지 않았다. 진실은 때때로 침묵보다 더 불편한 존재가 되었다. 내가 말한 사실은 곧 의도로 해석되었고, 내가 전한 맥락은 곧 음모로 변질되었다. 사실은 감정의 방향에 따라 달리 소비되었고, 진심은 언제나 의심의 대상이 되었다.

말을 많이 했었던 나는 왜곡의 중심에 서게 되었다.

내 말은 누군가의 기준으로 편집되었고, 그 결과는 또 다른 오해와 공격으로 되돌아왔다. 내가 알고 있는 인사 관련 정보를 알려주면 누군가에겐 '불만의 표현'이 되었고, 내가 조심스레 꺼낸 내부 현안은 '조직을 흔드는 발언'으로 낙인찍혔다. 나의 말은 내 것이 아니게 되었고, 나의 진심은 내가 알 수 없는 이야기로 다시 태어났다.

결국 나는 침묵을 선택할 수밖에 없었다. 설명하는 일이 더 이상 의미가 없어졌기 때문이다. 진실을 말하기 위해 또 다른 해명을 해야 하고, 그 해명을 둘러싼 해석이 다시금 새로운 갈등을 낳는 악순환이 반복됐다. 그렇게 나는 점점 말을 줄이게 되었다. 하지만 조용히 사는 삶이 꼭 평화롭지만은 않았다.

내 안에는 여전히 진실을 말하고 싶은 마음도 있었고, 외면하고 싶지 않은 진실들도 자리를 지키고 있었다. 침묵은 나를 보호했지만, 동시에 나를 파괴했다. 억눌린 말들이 내 안에서 굳어지고, 그것들이 감정으로 응축되어 결국에는 분노가 되고, 슬픔이 되었다. 침묵은 나를 지키는 것이 아니라, 나를 조금씩 지워나가고 있었다.

그래서 어느 날, 나는 다시 입을 열기로 결심했다. 오해를 감수하더라도, 또다시 상처를 받더라도, 나의 진심이 사라지는 것보다는 나았다. 내가 말한 진실이 모두에게 받아들여지지 않더라도, 그 말이 왜곡되고 누군가에게 불편한 진실로 다가가더라도, 나는 진심을 지키고 싶었다.

나는 완벽한 사람은 아니다. 나 역시 때론 실수하고, 때론 감정에 휘둘리며, 내 말이 누군가에게 상처가 되기도 한다. 그럼에도 불구하고 내가 다시 입을 연 이유는 단 하나였다. 스스로에게 부끄럽지 않기 위해서였다. 진심은 누군가를 설득하기 위한 도구가 아니다. 그것은 내 안의 나를 배반하지 않기 위한 최소한의 표현이다. 말하지 않는다고 해서 진실이 사라지는 것은 아니지만, 침묵이 계속되면 결국 진심은 흔들리기 마련이다.

나는 말을 통해 누군가를 해치고 싶었던 적이 단 한 번도 없었다. 진실을 말한 뒤에 후회한 적은 있어도, 그 진실을 전하지 않고 넘어간 날의 허무함보다는 나았다. 내 말이 완전하지 않아도, 그 안에는 내가 지키고자 한 가치가 있었다. 세상은 그 가치를 인정하지 않았고, 오히려 나를 조용히 밀어내려 했지만, 그럼에도 불구하고 나는 그 가치를 포기하지 않았다. 나는 지금도 말하기가 두렵다. 하지만 동시에, 말하지 않는 것이 더 무섭다.

말하는 나와 말하지 않는 나는 전혀 다른 존재다. 진실을 말하는 일은 이제 나에게 '선택'이 아니라 '책임'이 되었다. 그것은 단지 어떤 상황을 드러내기 위한 행동이 아니라, 내 삶 전체에 대한 태도이자 원칙이었다.

진실을 말하는 것은 결코 쉬운 일이 아니다. 특히 그 진실이 누군가의 기득권이나 고정관념을 건드릴 때는 더더욱 어렵다. 그렇기에 나는 더욱 조심스럽게 말을 준비한다. 내 말이 누군가의 마음에 닿을 수 있도록, 내 진심이 왜곡되지 않도록 스스로를 다잡는다.

진심은 언젠가 반드시 통한다는 믿음은 여전히 내 안에 남아 있다. 그 믿음이 나를 지탱해주는 유일한 원동력이다. 말하지 않는다고 해서 무관심한 것이 아니며, 조용하다고 해서 물러선 것이 아니다. 다만, 내가 꺼내는 말들이 누군가에게 전해지기 전에 내 안에서 충분히 숙성되기를 바랄 뿐이다.

진실을 말하는 삶은 외롭다. 하지만 나는 그 외로움을 감당할 준비가 되어 있다. 무엇보다 나에게 가장 중요한 것은 누군가의 평판이 아니라, 나 자신의 진심을 배반하지 않는 일이기 때문이다. 오늘도 나는 입을 연다. 작지만 분명한 목소리로.

진실을 향한 휘슬,
심판을 하며 배운 리더십과
말의 용기

진실을 말한다는 일은 단지 올바름을 외치는 선언이 아니었다. 그것은 어느 순간 나에게 있어 하나의 결단이었고, 다시는 되돌릴 수 없는 문을 여는 일이기도 했다. 나는 침묵을 거두었고, 조심스럽지만 분명하게 입을 열었다. 그것은 누구를 상처 주기 위해서도, 세상을 바꾸겠다는 거창한 포부에서 비롯된 것도 아니었다. 그저 더는 침묵할 수 없었기에, 오랫동안 눌러왔던 진심이 더 이상 안에 머물 수 없었기에, 말하지 않을 수 없었던 것이다.

그러나 내 마음을 꺼내 보인 그 순간부터 세상은 다시 차갑게 돌아섰다. 내가 던진 말은 누군가에게 불편한 거울이 되었고, 낯선 이들이 먼저 돌을 던졌으며, 심지어 내가 가장 신뢰했던 이들까지 조용히 등을 돌렸다. 그 고통은 익숙해질 수 없는 종류의 것이었다. 함께 웃고, 함께 분노했던 사람들 중 일부가 아무런 말도 없이 사라져 갔고, 나는 그 침묵 속에서 무너졌다.

그중에서도 지금도 선명하게 기억에 남는 이들이 있다. 동네에서 축구 이야기를 나누며 친분을 쌓았던 통닭집 사장 부부였다. 그분들과는 축구에 대한 깊이 있는 대화를 나누었고, 서로의 경험을 존중하며 진심 어린 의견을 주고받았기에, 나는 그들과의 관계가 단순한 손님과 가게 주인의 관계를 넘어서 있다고 믿었다.

그러던 어느 날, 그들의 태도는 싸늘하게 바뀌었다. 내가 무언가를 잘못했는지 돌아보던 찰나, 우연히 전해 들은 이야기가 있었다. 후배 중 하나가 그 사장님이 예전에 대한축구협회 KFA 전 심판위원장이었다는 말을 했다는 것이었다. 나는 그 사실을 전혀 몰랐고, 일부러 언급하지도 않았다. 그러나 내가 그동안 밝혀온 이야기들 중 일부가 그분의 과거와 연관 있었던 것이다. 나는 단지 사실을 말했을 뿐인데, 그로 인해 소중한 친구를 잃었다. 관계는 그렇게 한순간에 멀어졌다.

그 시절은 정말 외로웠다. 누구에게 털어놓기도 어려웠고, 누가 내 말을 제대로 들어줄지도 알 수 없었다. 나는 밤마다 스스로에게 물었다. '내가 틀렸던 걸까?', '조금만 참았더라면, 적어도 이만큼 상처받지는 않았을 텐데…' 하지만 시간이 흘러 어느 순간 깨달았다. 내가 틀린 게 아니었다는 것을. 그들이 외면한 것은 진실이 아니라, 그들 안의 불편함이었다는 것을. 진실은 사람을 상처 입히지 않는다. 다만, 그 진실이 어떤 이들의 안일함을 깨우는 순간, 그들은 방어적으로 변한다. 결국 나는 그저 거울을 들었을 뿐이었다. 그 거울 속의 진실을 보고 싶지 않은 사람들이, 나에게 화살을 돌린 것뿐이었다.

나는 군 복무 시절 특전사에서 707 특수임무대 대원으로 활동했다.

그 시절, 86 아시안게임과 88 서울올림픽의 무사 수행 임무를 맡았던 경험은 내 삶에 깊은 각인을 남겼다. 전역 후에는 신학과로 돌아가 목회자의 길을 꿈꾸었고, 오랫동안 하나님께서 원하시는 길이 무엇인지 고민했다. 그러다 축구라는 사명을 만나게 되었고, 아이들에게 축구를 가르치면서 내가 진정으로 해야 할 일이 무엇인지 선명해졌다.

그러다 어느새 나는 심판이 되었고, 강사가 되었고, 국제 심판 교육까지 맡게 되었다. 일본과 터키, 영국의 PGMO(영국 프로심판 담당기구), 독일과 중국, 말레이시아, 타이완, 카타르, 태국 등을 오가며 세계 각국의 선진화된 교육 방식을 배웠다. 그리고 그것을 한국 실정에 맞게 바꾸기 위해 심판실을 출퇴근하는 왕복 600킬로를 달리며 도로 위에서 수많은 밤을 새웠다.

제자들을 향한 마음은 늘 같았다. 그들에게 기회를 주고 싶었고 내가 갈 수 없는 무대, 내가 오르지 못한 경기장을 그들이 밟을 수 있도록 돕고 싶었다. 그리고 마침내 2023년 호주·뉴질랜드 FIFA 여자 월드컵 무대에 제자 다섯 명이 올랐다. 주심 오현정, 김유정, 부심 김경민, 이슬기, 박미숙. 그들의 이름이 전광판에 뜨고, 경기장 위를 당당히 걷는 모습을 보며 나는 감정을 누르기 어려웠다. 이것이야말로 말보다 명확한 진심의 증거였다. 또 다른 제자들, 오현정, 차민지는 〈골 때리는 그녀들〉 방송에서 활약했고, K리그 심판으로는 박세진이 뛰었다. 그들은 단순한 '제자' 그 이상이었다. 나의 사명이며, 나의 열정이 만들어낸 결실이었다.

이 길은 여전히 외롭고 고되다. 누군가는 내가 세운 원칙을 불편해했고, 또 누군가는 그 불편함을 비난이라는 형태로 되돌려주었다. 언론에 의해 곡해된 인터뷰는 나를 또 다른 소문의 주인공으로 만들었고, 내 진심은 다시금 의심당했다. 누군가는 언론사를 상대로 송사를 제기하라고 조언했지만 나는 그렇게 하지 않았다. 그들이 쓴 기사보다, 내가 평생 간직하고 싶은 평안이 더 중요했기 때문이다. 나는 내 가슴에 그것을 묻고, 묵묵히 다시 길을 걸었다. 언젠가는 사람들이 알게 될 것이다. 진실은 사라지지 않는다는 걸. 그리고 지금, 나는 또다시 새로운 희망을 품는다.

나는 두 번째 심판위원장직을 수행하면서 새로운 목표를 꿈꾼다. 2030년과 2034년 FIFA 월드컵에서 한국인 주심과 부심이 경기장을 누비도록 만들고 싶다. 또한 아시안컵 결승전에서 한국 심판의 이름이 호명되는 날을 기대하고 있으며, 나를 뛰어넘는 훌륭한 심판 강사들을 양성할 것이다. 언젠가는 내가 직접 심판위원장으로서 내 이야기를 자서전과 강의로 풀어내고 싶다. 그때가 오면, 나는 말할 수 있을 것이다.

나는 진실을 말했다고, 상처를 받았으나 포기하지 않았다고, 그리고 그 모든 고통은 결코 헛되지 않았다고.

무엇보다 이 자리를 빌려, 책 쓰기를 지켜봐 준 조영순 교수님께 진심으로 감사드린다. 나는 지금도 다시 길을 걷는다. 진심을 품은 강사로서, 진실을 말하는 이로서, 그리고 내 제자들에게 작지만 든든한 길이 되어주기 위해서.

심판은 외롭다, 그러나 정의롭다 - 그라운드 위의 외로운 결정자

진심을 품고 다시 길을 걷기로 한 나에게 있어, 그라운드는 단순한 경기장이 아니었다. 그곳은 결심의 무대였고, 수많은 눈빛과 감정이 교차하는 공간이자, 진실을 확인받는 곳이었다. 나는 심판으로서 그라운드 위에 설 때마다 매 경기마다 스스로에게 묻곤 했다.

'정말 공정했는가?'

'모든 선수에게 같은 잣대를 적용했는가?'

그리고 무엇보다 '이 판정이 진심에서 비롯된 것인가?'

심판이라는 존재는 경기의 주인공이 되어서는 안 된다. 하지만 동시에 경기를 완성하는 마지막 퍼즐이기도 하다. 뛰어난 심판이 있기에 경기의 질이 높아지고, 그라운드 위의 혼란이 질서로 전환된다. 그 누구보다 투명하게, 그 누구보다 냉철하게, 그리고 무엇보다 흔들림 없이 경기를 바라보는 존재. 그것이 바로 심판이다. 그러나 그 냉정한 태도 이면에는 상상 이상의 외로움과 싸움이 있다.

심판은 경기 내내 혼자 결정하고, 혼자 책임진다. 수많은 카메라와 수천 명의 관중이 지켜보는 가운데, 단 한 번의 휘슬 소리가 경기를 가르고 판세를 바꾼다. 그 결정 하나에 감독과 선수, 심지어 팬들의 분노가 쏟아질 수 있다. 심판은 그 모든 반응 앞에서도 흔들리지 않아야 한다. 그 누구도 나의 등을 토닥이지 않을 때, 스스로의 판정을 끝까지 믿을 수 있는 사람이 진짜 심판이다. 나는 그 외로움을 안다. 내가 경험했기에, 지금 심판을 꿈꾸는 제자들에게 늘 먼저 이 이야기를 전한다. "심판은 실수를 해도 용서받기 어렵고, 잘해도 칭찬받기 어렵다. 그러나 그럼에도 심판을 선택한 너라면, 누구보다 용기 있는 사람이다."

나는 늘 믿는다. 심판은 단순히 규칙을 적용하는 자가 아니라, 경기를 읽고 흐름을 제어하며, 스스로 내린 결정의 순간에 책임을 지는 사람이다. 따라서 심판에게 요구되는 것은 단순한 체력이나 규칙 암기가 아니라, 인격과 품격, 그리고 무엇보다 중요한 것은 바로 용기다.

경기가 시작되기 전, 그라운드 위에서 국기를 향해 고개를 들고 선 심판의 얼굴을 보면 나는 안다. 그 눈빛 속에는 수천 번의 훈련, 수많은 비판, 그리고 결코 흔들리지 않겠다는 다짐이 담겨 있다. 내가 걸어온 길도 그러했다. 수많은 평가와 회의, 현장에서의 충돌과 갈등 속에서도 나를 버티게 한 것은, '공정함'이라는 단 하나의 기준이었다.

심판은 단지 판정을 내리는 기계가 아니다. 경기의 긴장을 조율하는 지휘자이고, 때론 누구보다 민감한 갈등의 매개자다. 내가 심판 강사로 제자들을 가르칠 때 가장 먼저 전하는 메시지도 바로 그것이다. "경기를 이끄는 사람은 선수만이 아니다. 너희도 그라운드의 주체다." 선수와 감독이 보지 못한 것을 먼저 보아야 하고, 예상하지 못한 흐름을 미리 감지해야 한다. 기술적으로 완벽한 판정보다 더 중요한 것은 흐름을 읽는 눈이다. 선수들이 격해질 때는 차분하게 그들의 감정을 받아내야 하며, 관중이 들끓으면 오히려 한 발 물러서야 할 때도 있다. 이것은 훈련으로만 완성되지 않는다. 그것은 결국 삶의 태도에서 비롯된다.

심판위원장과 강사, 그리고 선생으로서 내가 지금까지 많은 국제 심판을 배출할 수 있었던 이유는, 단순히 판정을 잘하는 '기술자'만을 길러내지 않았기 때문이다. 나는 늘 말했다.

"너희는 규칙을 다루는 사람이 아니라 사람을 다루는 사람이다."

그러기 위해서는 먼저 자신을 다스릴 줄 알아야 하고, 비난 앞에서도 흔들리지 않는 신념이 있어야 한다. 그 신념이 바로 '공정함'이다. 나는 오늘도 제자들에게 말한다. 내일 그라운드 위에 당당히 서려면, 오늘 너희 안에 심판의 인격이 먼저 서야 한다고. 경기를 뛰는 것은 22명의 선수지만, 경기를 완성하는 것은 보이지 않게 움직이는 한 사람의 심판이라는 사실을 잊지 말라고.

내가 바라보는 심판은 단순한 직업이 아니다. 그것은 하나의 사명이자, 한 사람의 인생관을 요구하는 일이다. 그래서 나는 자랑스럽게 말할 수 있다.

"나는 심판이다. 나는 외로운 결정자다."

그리고 그 외로움 속에서 진실을 지켜왔고, 수많은 사람들의 질책 속에서도 흔들리지 않았다고. 심판이라는 말에 부끄럽지 않은 인생을 살고 싶었고, 오늘도 그러한 심판을 세우기 위해 내 하루를 쏟아붓고 있다.

내가 배운 리더십은
청렴, 공정, 용기

나는 수많은 결정을 내려야 했던 심판이자, 또 다른 길 위에서 수많은 결정을 준비시켜야 하는 리더였다. 그 두 역할은 다른 것처럼 보이지만 본질은 같았다. 내게 리더가 된다는 것은 더 많이 말하는 사람이 아니라, 더 먼저 행동하는 사람이 된다는 것을 의미했다. 더 높이 서는 사람이 아니라 더 깊이 책임지는 사람이 되어야 했다.

나는 강의실에서, 그라운드에서, 행정의 자리에서 늘 같은 기준을 붙들었다.

"청렴, 공정, 용기"

이 세 가지는 내가 리더로서 살아오며 스스로에게 가장 많이 되뇌었던 말이었고, 동시에 후배들에게 가장 강조해온 가치였다.

청렴은 단지 금전적인 청렴만을 말하지 않는다.

그것은 자기 자신을 속이지 않는 삶이다. 나는 '내가 나를 속이지 말자.'라는 다짐으로 수십 년을 살아왔다. 누구보다 앞에서 기준을 말해야 할 위치에 있는 사람이, 뒤에서는 예외를 허락한다면 그것이야말로 공동체를 무너뜨리는 가장 빠른 길이다. 지도자의 삶은 본인의 평판으로 유지되는 것이 아니다. 본인이 지키는 기준으로 유지된다. 어떤 제도보다, 어떤 지침보다, 결국 사람을 설득하는 것은 그 사람의 삶 그 자체다.

공정은 말로 하는 것이 아니라 습관으로 드러나는 것이다.

나는 어떠한 심판 배정에도, 어떤 평가에도 개인적인 감정을 끼워 넣지 않았다. 때로는 비판을 받았고, 때로는 나의 선택이 누군가에게 불편함을 줄 수도 있었다. 그러나 나는 알았다. 한 사람에게 특혜를 주는 순간, 열 명의 자존심을 짓밟게 된다는 것을. 리더가 모두를 만족시킬 수는 없지만, 모두가 수긍할 수 있는 기준을 유지해야 한다는 것은 분명하다.

나는 지금도 후배들에게 이야기한다.

"네가 좋아하는 사람과 네가 옳다고 판단한 사람 중 누구를 선택할 것인가?" 그 질문 앞에서 늘 '옳은 사람'을 선택할 수 있는 사람이야말로 리더다. 그것이 공정이다. 그러나 청렴과 공정만으로는 조직을 이끌 수 없다.

리더에게 반드시 필요한 세 번째 자질은 바로 용기다.

나는 수많은 갈등과 마주했을 때, 언제나 머뭇거렸다. 쉽게 판단하지 않았고, 누군가를 비난하기보다 오래 지켜보려 했다. 하지만 결국 결정해야 할 때는 누구보다 선명한 목소리로 앞장서야 했다.

리더란 갈등을 피하는 자가 아니라, 그 갈등의 한복판에서 방향을 제시하는 자다. 어떤 결정은 나를 외롭게 만들었고, 어떤 선택은 오해와 비난을 가져왔다. 하지만 나는 흔들리지 않으려 애썼다.(노력했다.) 나를 붙잡아 준 것은 오직 하나, '내가 옳다고 믿는 기준'이었다.

나는 그 기준을 정리해놓은 노트를 가지고 다녔다. 마음이 흔들릴 때마다 꺼내 읽었고, 그 안의 문장들이 나를 지켜줬다. 나는 지금도 내 마음속에 적어두었던 한 문장을 잊지 않는다.

"내가 외로워도, 공동체가 바르게 간다면 그것으로 충분하다."

리더십은 결국 자기 희생에서 시작된다. 인정받고자 하는 마음보다 버텨내려는 책임이 먼저다. 나는 리더가 되어서야 비로소 진짜 배웠다. 내가 어떻게 살아야 하는지를. 그것은 강의나 책에서 배우는 것이 아니었다. 매일의 선택, 매 순간의 기준 앞에서 조금씩 나를 단련시켜 가는 일이었다. 많은 사람들이 리더가 되면 권한을 갖는다고 생각한다. 나는 오히려 리더가 되며 자유를 내려놓았다. 감정을 자유롭게 표현할 수도, 사적인 친분으로 편하게 행동할 수도 없었다. 모든 것이 누군가에겐 기준이 되었기에, 나는 늘 깨어 있어야 했다. 그래서 리더십은 직책이 아니라 태도라는 말을 나는 믿는다.

이러한 노력을 하고 있지만 나는 지금도 완전한 리더가 아니다. 때때로 실수하고, 때때로 말보다 감정이 앞설 때도 있다. 하지만 나는 포기하지 않는다. 오늘보다 더 나은 리더가 되기 위해, 나는 여전히 배운다. 내가 배운 가장 값진 리더십은 높은 곳에서 내려다보는 방식이 아니라,

가장 낮은 곳에서 마주 앉는 태도였다. 그곳에서 들려오는 가장 작은 목소리에 귀 기울이고, 불편한 진실 앞에서도 외면하지 않는 마음. 그것이 내가 지향하는 리더의 모습이다.

지금의 나를 있게 한 것도 결국 청렴, 공정, 용기였다. 나는 오늘도 그 기준을 손에서 놓지 않으려 애쓴다. 앞으로 어떤 자리에 서게 되더라도, 나는 내 리더십의 뿌리를 잊지 않을 것이다. 그것이 나를 키웠고, 나를 지켜줬으며, 지금 이 자리에 서게 한 진짜 힘이었기 때문이다.

에필로그 - "당신은 지금, 누군가의 진실에 귀 기울이고 있습니까?"

소망하는 바가 있어서 고려대명강사최고위과정에 입과했다. 과정 중 커리큘럼 안에 책 쓰기가 있었다. 책은 아무나 쓰는 것이 아니라는 무거운 생각도 있었고 써본 경험도 전혀 없는데 어찌하나 하는 부담이 있었다. 그러나 책 쓰기 교육을 통해 내가 걸어온 심판으로서의 길과 성공 과정을 정리할 수 있게 되었고, 누군가와 함께할 수 있게 책으로 출간하게 된 것에 참 감사하다. 시작은 가닥을 잡지 못해 막연함과 어려움이 있었지만, 꼼꼼히 쉽게 풀어서 책 쓰기를 마칠 수 있도록 지도해주신 조영순 교수님의 지지와 운영진에 감사한다.

더욱더 감사한 것은 책을 쓰고 있는 이 순간도 나는 여전히 현장에서 숨 쉬고 있음이다. 피치 한가운데서 불어오는 바람 속에서, 제자들의 땀과 눈물 속에서, 그리고 교육 현장의 고요한 강의실 안에서 나는 오늘도 나를 단련한다. 이 길을 걸어온 수십 년의 세월 동안 수많은 갈등과 오해, 고통과 침묵을 지나왔지만 나는 단 한 번도 이 길을 선택한 것을 후회한 적이 없다. 왜냐하면 나는 지금도 내가 해야 할 일을 알고 있고, 그

일을 위해 살아가고 있기 때문이다.

나의 역할은 끝나지 않았다. 은퇴 이후에도 나는 여전히 이 자리에 설 것이다. 단지 경기를 해설하고 룰을 설명하는 사람이 아니라, 진심을 말하는 사람으로, 청렴과 공정, 용기를 삶으로 증명해 내는 축구심판으로, 그리고 후진을 양성하는 강사로… 나는 그렇게 남고 싶다.

나는 심판이라는 자리가 기술을 전하는 것을 넘어 인생을 나누는 자리가 되길 바란다. 내가 겪은 흔들림과 버팀, 좌절과 회복의 이야기가 누군가에겐 버팀목이 되기를 소망한다. 후배들에게, 그리고 앞으로 이 길을 걷게 될 수많은 젊은이들에게 나는 말하고 싶다.

두려워하지 말라고, 진심은 때론 고통스럽지만 반드시 의미 있는 것임을 말하고 싶다. 내가 기준은 아니지만 내 삶의 많은 시간을 채워온 경험과 노하우를 이제는 강연장에서도 풀어내며 포기하지 않으면 할 수 있다고 말이다. 그리고 이제 나는 심판의 역할을 넘어, 한 인간으로서의 리더십과 소망을 말하고 싶다. 내 삶의 궤적 속에 녹아 있는 치열함과 고독, 그리고 포기하지 않았던 의지를 통해 누군가가 자신의 길을 다시 붙잡는 계기가 되기를 소망한다.

심판의 판정 너머에 있는 책임감, 강단에서 뿜어져 나오는 신뢰, 그리고 사람을 변화시키는 진심의 힘을 말하고 싶다. 언젠가 나의 제자 중 누군가는 나처럼 다른 이들에게 길을 보여주는 리더가 되어주기를 바란다. 그것이 내가 걸어온 이 길의 가장 큰 보람이다. 내가 그들에게 가르쳤던 기술은 시간이 지나면 흐려지겠지만, 내가 건넨 한마디의 진심은 오래 남을 것이다.

 그래서 나는 오늘도 강사로서의 삶을 준비한다. 은퇴 후에도 멈추지 않고, 후배들과 대중에게 영향을 주는 사람으로 살아가기 위해 내 삶의 경험과 철학을 오늘도 더 깊이 다듬고 있다.

 나는 알고 있다. 말보다 삶으로 전하는 메시지가 더 강하다는 것을.

 그러므로 나는 오늘도 내 자리를 지키며, 나의 강의가 언젠가 누군가의 인생에 불을 지피는 단 하나의 강의가 되기를 소망한다.

손옥수
**고려대명강사최고위 21기
교육회장**

Mobile
010-6301-4016

Email
hsruciason@gmail.com

학력 및 경력 사항
- 한양대학교 대학원 영어영문학과 박사연구 수료
- 힐링전문 강사 활동
- 한글과 컴퓨터 그룹 "청리움"센터 명상 및 요가
- 더스테이힐링파크 힐링센터 명상 요가 숲 치유
- 서울시 교육청 서울시 교육연수원 치유프로그램 운영
- 서울시 지자체 스트레스 완화 자유 프로그램 운영

강의 분야
- 모든 명상 관련 분야, 숲 치유, 요가와 바디 퍼스널
- 스트레칭 전문, 싱잉볼 치유+운동, 요리하기(불 없이)
- 힐링에 관련된 것들

자격 사항
- 명강의명강사 1급, 리더십지도자 1급, 스피치지도사 1급
- 인성지도사 1급, 부모교육상담자 1급, 평생교육강사 1급
- 기업교육강사 1급, 노인교육강사 1급
- Raja Yoga Teacher Course 지도자
- 국제 자연치유사, 스트레칭 전문가, 예술명상 지도자
- 싱잉볼 치유자, 요리심리상담사 1급
- 시니어 교육 지도자

수상 내역
- 한국도서문화지도사회

저서
- 고려대 명강사 25시(공저): 산티아고(Santiago) 너머 회복력 치유의 길
- Journal 1편, 논문 1편

CHAPTER 6

산티아고(Santiago) 너머
회복력 치유의 길

"나는 나를 수용하고 감사하고 존중하는 사람입니다."
자애명상 수련을 끝내면서 스스로 자신에게 하는 자기 확언 만트라이다.
수용(acceptance)은 받아들임이다.
내 삶에 펼쳐지는 어떠한 사건에 대해서도
저항하지 않는 마음의 상태를 의미한다.
감사(gratitude)는 어떤 일을 긍정적인 마음으로 받아들이는 상태로,
다른 사람 덕분에 일어났다고 생각하는 마음을 의미한다.
존중(respect)은 re(다시) spect(보기)이다.
어떤 존중하는 대상의 너머 더 크고 더 높고
더 위대한 어떤 것을 발견한다는 뜻이다.
있는 그대로의 모습도 좋지만, 더 깊은 곳을 알아차리는 마음이다.

산티아고 길 위의
첫 발자국 흔적 남기기

내가 좋아하는 바이올렛을 색깔별로, 모양별로 모아 아름답게 꾸민 다음 부엌 창가에 나란히 놓는다. 그리고 흔들의자에 앉아서 창문 너머 문틈으로 들어오는 상쾌한 바람에 봄을 맞이한다. 유난히도 올봄은 겨울을 벗어나지 못하는 느낌이다. 아마도 추위가 가시지 않았기 때문이리라. 요새 나의 하루에는 그 하루 안에 봄과 여름, 그리고 가을과 겨울의 사계가 공존한다. 계절은 아직 4

월인데 진눈깨비며 비와 바람, 눈과 햇볕이 서로 어우러진다. 맑은 날인데도 금방 비가 쏟아지기도 하고 곧 햇볕이 쨍쨍한 한낮이 된다. 그런 자연의 하루하루가 나를 설레고 또 설레게 한다. 이처럼 자연이 빚어내는 빗줄기 소리, 바람 소리에 마음을 의지한 채 걷던 스페인에서의 추억이 엊그제만 같다. 내면 깊숙이에서 무언가 욕망이 끓어오를 때면, 발가락에 물집이 생길 정도로 걷던 그 길이 파노라마처럼 지나간다. 그 길은 바로 스페인에 위치한 산티아고 데 까미노Camino de Santiago 순례길이다.

지금도 그 길 위를 많은 사람들이 걷고 있고, 세계 각지의 사람들이 줄지어 그 길을 향해 모여든다. 시간과 경제적 여유가 된다면 꼭 다시 걷고 싶은 길이다. 가장 인기 있는 출발지는 프랑스 길이다. 성수기에는 하루 평균적으로 약 1,360명 정도가 순례 인증서 '콤포스텔라Compostela'를 받는다고 한다. 야고보 성인의 발자취를 따라 걷는 이 순례길은 한편으론 신앙과 헌신의 상징적인 순례길이다. 또한 길 위의 기적과 같은, 다양한 치유 현상이 일어나 영적 성찰과 치유의 순례길로도 불린다. 그곳은 어떤 이들에게는 신앙의 길로, 어떤 이들에게는 스포츠의 길로, 그리고 누군가에게는 건강상의 이유로 잦은 발걸음이 이어지는 곳이다.

여러 이유들이 있었지만, 나는 나를 삶의 고통 속에 가두는 속박에서 벗어나 어떻게 살 것인가를 고민하며 진리를 찾아 먼 동양에서부터 그곳으로 달려갔다. 세계 여러 나라, 다양한 국적의 사람을 만나고 부대꼈다. 그 과정에서 말은 통하지 않아도 서로의 눈빛과 표정을 통해 한 곳을 향하는 우리의 목적, 그 지향점이 같음을 느끼고 있었다.

하염없이 걸으면서 치유를 경험하는 곳이 산티아고 순례길이다. 함께 걸으며 인생의 의미 대해 의견을 나누고, 카페 콘레체(카페 라떼)를 마시면서 쉴 때에도 수다만큼은 멈추지 않았다. 활력과 생기가 넘치는 젊은이들과는 거침없이 대화를 나누었는데 때로는 놀라울 만큼 그들의 속마음까지도 듣게 된다. 대화를 할 때는 타자의 이야기를 들어준다는 것이 가장 중요하다. 그들 대부분은 자신을 돌아보기 위해 길을 나섰다고 했다. 그 젊은이들에 비해 나는 나이가 많은 편이었지만, 그들이 내 나이를 믿을 수 없다고 할 만큼 무거운 가방을 인생의 짐과 함께 짊어지고도 씩씩하게 걸었다. 그렇게 나이를 잊고 젊음을 과시하며 산티아고 순례길 위를 당차게 걸었다. 그렇듯 삶의 고통이 내게 가져다준 것이 나 혼자 그 길을 걷게 된 시발점이자 동기부여가 되었다.

당시에 유럽 여행으로 산티아고 대 성당을 보러 간 것도 계기가 되었다. 그곳에서 나이 많은 한 여성이 그 길을 완주한 후 목적지인 산티아고 성당에서 기쁨을 표하더니 생판 모르는 이방인인 나한테도 기쁨을 표하고 포옹을 해 왔다. 찰나였지만 나는 뜨겁게 뛰는 그녀의 가슴에 나의 서늘한 가슴에 부딪혀 숨이 멎을 뻔했다. 돌아온 후 계속해서 그날의 기억과 그녀의 얼굴이 맴돌았다. 이내 "나도 할 수 있다"라는 의욕이 마음 안에서 꿈틀거리기 시작했고, 용기를 내어 혼자 걷기를 시작했다.

또 다른 고통의 아픔 그 이면에는 박사과정의 제2외국어가 불어에서 스페인어로 바뀌었던 이유도 있다. 낯선 언어인 스페인어 시험을 봤지만 단칼에 떨어졌다. 무언가 안으로부터 와르르 무너지는 기분이었다.

평소 등산을 좋아했던 나는 먼 길의 순례객이 되고자 큰 배낭을 챙겼다. 내가 닿고자 하는 곳은 스페인의 북서부 갈라시아 지방에 위치한 작은 마을 도시. 그곳 산티아고 데 콤포스텔라Santiago de Copostela는 대성당을 향해 걷는 수백 년 역사의 순례길의 목적지이다.

예수의 12제자 중 한 사람인 성 야고보Saint James 성인의 무덤이 있는 성지로, 중세 때부터 수많은 사람들이 믿음으로 걸었던 숭고한 순례길이다. 산티아고 순례길은 유네스코 세계문화유산으로 지정(1993)된 바 있다. 그 후 오랜 세월을 거쳐 오늘날에는 영성, 치유를 위한 현대인의 길로 유럽 문화의 뿌리를 따라 가는 여정의 순례길이 되었다. 조개껍데기Concha와 노란화살표Flecha Amarilla, 순례자 여권Credencial, 그리고 순례 증서Compostela 등이 스페인 순례 까미노의 상징적 징표다. 순례객이나 아니면 누구나 다 배낭에다 조개껍질 하나쯤은 달고 다닌다. 걷기를 좋아하는 사람이라면 누구든 꼭 한번 걸어보고 싶은 희망의 순례길이다. 단순히 땅 위의 도로를 말하는 게 아닌 사람과 사람, 사람과 자기 자신을 만나게 해 주는 길이다.

먼 길 위의 까미노

"산티아고 데 콤포스텔라, 야고보 성인의 길"

위로의 원천인 예수그리스도의 길을 따라 2000여 년 전에 그의 제자 야고보가 걸었던 길. 그가 걸었던 작심의 여정은 장장 800여 킬로미터에 이르고 역사를 거슬러 현대인의 숨결 속에 대장정의 순례객들을 재촉한다.

삶에는 늘 선택할 것이 많고 하찮은 것이라 할지라도 선택은 인생에서 중요하다. 나의 선택들도 삶의 리듬 속에 반복적으로 경험하는 것이었고 마음의 갈등으로 이어지는 귀로였다. 무엇을 선택할 것인지에 따라 삶은 바뀐다. 하지만 나는 여기 '데 까미노'에서 내 마음속에서 나를 부르는 소리에 따르기로 했다. "너는 누구니?"라는 존재의 본질에 다가가는 침묵의 소리. 하지만 그 소리는 온 우주에 퍼져가는 울림이 있는 소리로 마음의 폐부 깊숙이 닿는다. 그것은 마치 세상 안에 또 다른 액자의 세상이 있는 카메라 앵글처럼 그렇게 서서히 나의 마음에 속삭인다. 산티아고의 여정은 내 삶에 변곡점으로 다가와 몸을 치유하고 마음이 회복되는 시간이었다. 몸이 몸으로 말하고, 몸은 마음으로 말하는 세계로 열려 나갔다. 그리고 이제는 나의 회복력 튜터Resilience Tutor로 내 안에 자리하고 있다. 그것은 일본 작가 지바 마사야가 언급한 "전혀 다른 지점에서 출발해 자기가 할 수 있는 범위 안에서 최대한 독자성을 시도함으로써 같은 기준으로 경쟁하는 사람들의 경쟁에 섞이지 않고, 다른 경로로 데뷔하는 것도 가능하다."라는 말과 결을 같이한다. 이 말에 용기를 얻어 치유에 관련된 것들을 하나씩 하나씩 접목시켜 나갔다.

처음에는 까미노 여정의 길이 낯설어, 무거운 배낭을 멘 채 수호천사의 보호를 간절히 요청하는 기도를 한다. 한국서 가져온 폴(스틱)을 길게 만들어서 대장정의 길을 걷기 시작했다. 딱딱한 바게트 빵, 약간의 간식과 물. 물은 목마르지 않을 만큼만 챙겼다. 걷는 길에는 평범한 물도 생명수 역할을 해주니 참 소중하고 귀한 물이 되었다.

하늘이 참 아름다운 스페인은 하늘에 달과 해가 동시에 떠 있을 때도 있다. 그 넓고 푸른 하늘을 보며 걸으면 대자연 안에서 마음의 폭을 확장할 수 있었다. 자연에 한없는 찬미를 하면서 발이 부르트도록 걸었다. 길을 걷노라면 길 놓치지 말라고 길가에 노란화살표 또는 나침판이 놓여 있곤 했다. 그 화살표를 마주할 때마다 인생의 길에도 확실한 안내판이 주어졌으면 어떨까 하는 생각도 했다. 길을 잘못 들어서면 다시 돌아와 그 화살표가 제시해준 방향을 따라 가면 길이 된다.

산티아고 순례길 위의 사람들은 종종 서로서로 위로해 주는 길 위의 성자가 된다. 내가 세계 여러 나라의 사람들과 만났던 것은 아마 까미노

길 위가 처음이었을 것이다. 언어가 다르면 몸짓으로 소통을 하고, 너나없이 어깨에 멘 등짐과 배낭이 말해주듯 우리는 같은 목적지를 향하여 가는 순례자요, 여행자요 산책자이다. 그러기에 길 위에서 서로 다른 영성이 느껴지고 뭔가 새로운 에너지를 얻을 수 있는 기회가 된다.

바쁘게 앞만 보고 성공을 향해 달리고, 목표를 향해 숨 막히듯 살아온 지난날들을 반추하듯 몸 상태를 점검해 본다. 몸은 스트레스로 긴장되어 굳어져 있고, 목과 어깨는 딱딱한 상태로 풀리지 않는 나날들을 보냈다. 그러면서 어느 순간 '나는 어디로 가고 있는가?'라는 질문이 뇌리를 스친다.

나는 먼 이국땅 길 위에서 가엾은 성자가 되어 배낭을 메고 걷고 또 걷고 있었다. 걷는 시간은 점차 몸이 아니라 마음을 돌보는 시간으로 변해가고 있었다. 생각은 정리되고, 마음은 맑아지고, 가파르던 숨은 점점 깊어지면서 호흡의 안정을 맞이한다. 안정된 호흡으로 마음도 안정되니 자연히 몸도 이완되었다. 호흡과 발걸음을 맞추어 걷는 단계로 이어졌고, 어느덧 길 위에서 만난 다른 사람들을 씩씩한 웃음으로 대하며 목적지로 향하고 있다. 최종 도착지는 산티아고 대성당으로 하루하루 10킬로 내지 20킬로미터는 걸어야 정해놓은 날짜를 맞출 수 있다. 물의 귀중함을 느끼며 생명수를 주신 창조주께, 딱딱한 바게트 한 조각을 허락하신 위대한 신께 절로 감사를 표하는 가난한 성자의 모습이 된다.

걸음걸음의 시간들은 오롯이 나에게만 충실할 수 있는 엄숙한 시간이 되었다. 친숙한 나의 모습과 용감한 나의 모습이 때론 낯선 타자처럼 마주한다. 본래의 익숙한 내 모습 안에 숨겨진 양면성이 겉으로 드러났다. 전진하는 삶만이 잘 사는 것처럼 달려온 가파른 호흡의 내 모습이 중첩되어 마음이 산란한 적도 있다. '진실한 내 모습은 어떤 것일까?' '무엇을 바라며 살아가는 것일까?'에 화두를 새기면서 걷는 길에 여전히 하늘은 아름답기만 하다. 두 발로 걷고 있으면, 땅 위의 기운들이 생기 있게 순식간에 내 머리로 영상처럼 스쳐 간다. 시선의 자유로움도 마음껏 즐기고, 혼자가 아닌 혼자가 되어 몸서리치게 자신을 다독거리며 자애로운 마음이 되기도 했다. 즉석에서 만났는데도 서로의 아픔을 나누고, 노래도 부르고 마치 오랫동안 만나온 친구처럼 그렇게 친한 사이가 되어주는 곳. 어우러짐 속에 길을 걷다 보면 어느새 햇살은 비치고, 그 햇살이 열린 마음의 창을 통해 평화를 선물하는 곳이 산티아고 순례길이다.

길 위에서의
변화 시작

먼 스페인의 산티아고 순례길 여정은 늘 그렇듯이 설렘의 끌림이 주는 것보다 받는 것이 더 컸다. 내 안에 익숙한 질문들이 다른 모습으로 떠올랐다. '왜 나는 이 이국땅 길 위에서 걷고 있는 것일까?' 원초적 질문인 '나는 누구인가' '어디로 무엇을 향해 가고 있는가' 책 속의 철학이 아니라 내 몸에 와 닿는 생생한 질문들을 되새기면서 치열하게 살아온 나의 삶을 그려내고 있다.

길 위의 일본 사진작가 후지와라 신야는 "여행의 본질은 일상을 환기시키는 것이다."라며 익숙했던 것들을 벗어나 자유롭게 거리의 낯선 이방인이 된다. "부엔 까미노Buen Camino"라고 인사하며 마주 오는 이방인 순례자들의 미소에서 따뜻한 마음을 느낄 수 있었다. 또한 독일의 영성가이신 안셀 그린 신부님은 저서『인생이라는 등산길에서』에서 "내가 걷는 것에 마음을 집중할 때 비로소 근심과 걱정, 목표점에 도달해야 한다는 강박관념에 해방될 수 있다. 다른 생각 없이 앞을 향해 걸어가는 동안 내 안에 어떠한 변화가 나타나면서 자유로움을 느끼며 종국에는 자신의 내면의 길을 걷게 된다."라고 언급했다.

그렇게 걸었던 스페인 산티아고 순례길이 종국에는 내 삶에 변곡점이 되어주었다. 그 길에서 나는 타자의 모습에 담겨 있는 귀한 생명을 보게 되었다. 그것은 있는 그대로 나의 모습을 보게 되는 깨우침이었다. 진리를 찾게 되고 궁극적으로는 자기 자신을 사랑하는 마음을 갖게 되었다. "자기자비 self-compassion와 자기수용 self-acceptance, 자기존중 self-respect, 그리고 자기 돌봄 self-care"이 되었다.

자기 돌봄에선 정신적으로, 육체적으로 나를 잘 대해주게 되었다. 이로 인하여 절망과 아픔이 평화로 승화되고 사랑과 온유함으로 마음이 안정되어 갔다. 이로써 나는 한 사람의 순례자로서 내 안의 상처를 치유하며, 새로운 길을 열어가는 사람이 되어가고 있었다. 나를 치유하는 내 삶의 변화를 통해 나는 더 큰 의미에서 성장하는 몸과 마음을 선물로 받았다. 내 생명의 소중함과 내 존재 가치의 귀중함이 맞물려 잊어버렸던 감정의 물결들이 잔잔하게 밀려왔다. 삶을 사랑하고 타자를 사랑하는 삶으로 존재가치가 빛났다. 나의 존재가치가 실존으로 거듭나는 시간이 되면서 현존이 되었다. 마치 내 전신 온 자체가 각성되는 것처럼 조용한 각성만이 나를 알아차리게 해준다. 내면이 깨어나는 찰나의 순간이 지금 내가 무엇을 하고 있지 하면서 의식을 가지고 각성하고 있다. 그렇게 살펴보며 호흡한 명상이 나를 자각시키고 의식으로 깨어주는 마음이 된다.

평화스럽게 나는 좌정을 하고 연꽃자세를 만들어 호흡을 한다. 들숨과 날숨의 호흡으로 몸의 움직임을 통하여 몸도 마음도 함께 이완을 한다. 몸을 바쁘게 움직여야 건강해진다. 몸이라는 커다란 우주를 안고 사는 나는 힐링을 통하여 "바르게 서고, 걷고, 앉고, 눕고"를 배우는 동시에 교육도 하고 있다. 이 네 가지 기법이 사람이 살아가는 데 가장 중요한 것인데 우리는 이 중요한 것을 간과하고 앞만 보고 살아가고 있다.

내가 치유의 길을 걸어가는 이 여정이 뜨거운 것도 내면에는 사람을 사랑하는 섬김의 마음이 내재되어 있어서다. 나한테서 흐르는 따뜻한 온기의 기운이 사랑으로 채우면서 자연의 에너지도 함께 받는다. 또한 사람을 치유하는 것에는 자연의 에너지를 가져야 한다. 자연의 에너지를 얻기 위해서 그냥 땅에 누워보기도 하고 맨발로 땅을 걷기도 하는데, 이것을 '어싱(Earthing)'이라 한다. 이렇게 여러 가지 방법을 통하여 스스로 자연 안에 파묻혀 에너지를 마음껏 누리고 있다. 커다란 에너지는 가슴을 통하여 가슴으로 느껴지는 우주의 에너지라고 볼 수 있다. 난 그렇게 자연의 큰 에너지에 나를 맡기고 평안한 마음을 회복한다.

숲에서의 치유 여정

잠시, 지금까지 하고 있던 모든 것을 멈추고,

나의 이 순간, 몸 안의 내면에 집중하도록 나를 안내한다.

호흡은 길게~ 그리고 천천히.

깊은 숨을 한 번 들이마시고 다시 천천히 내쉰다.

들숨과 날숨을 번갈아 가며 심호흡까지 이르도록 숨결과 함께 내면으로 의식을 모아본다.

이제 다시 깊은 숨을 들이마시고,

천천히… 천천히… 내쉬면서,

숨결이 들어오고 나가는 호흡의 길을 따라

주의를 기울여 몸속 깊은 곳까지 되돌려 보낸다.

심신의 평온함이 폐부 깊숙이 온몸으로 느껴진다.

이제는 땅을 딛고 있는 나의 발바닥에 집중해 본다.

몸의 무게와 몸을 지탱하고 있는 온도.
오롯이 자신의 내면 안에 응축된 존재의 감각을 느껴본다.

그 감각이란 뭘까?
오직 나만의, 나에게만 주어진 현재.
세상의 시름과 상처를 호흡으로 토해 내보낸다.
창조주와 나와의 만남.
나와 나 자신과의 만남.

그 감각을 더 느끼고 싶다면,
이제는 호흡을 조금 더 천천히 들이마시고 내쉬어 보도록 한다.
그리고
무릎과 허벅지, 골반 하나하나까지
이 호흡의 숨통이 지나는 통로를 편안하게 느껴본다.

이처럼 내 몸을 자각하고 느끼는 것. 몸의 감각을 통해 내 안에 숨어 있는 이야기들을 발견해 나가는 과정이 걷기 후 명상의 과정이다. 나는 치유의 숲에서 나의 몸을 바디 스캔하면서 지금 여기에 존재하는 이 시간에 감사와 평온, 그리고 기쁨을 느낀다.

이 땅에 태어난 사람들은 누구나 몸이 가진 진실들을 내면에 지니고 있다. 그 진실이란, 몸이 자신을 숨기지 않고 자신 됨의 소유자인 각자

각자에게 몸 소식을 그대로 말한다는 것이다. 그래서 치유는 몸을 통해 일어나고, 마음을 통해 가능하다는 것을 나는 강조해 본다. 몸과 마음, 정신의 삼위 일치를 일깨워 가는 과정이 곧 걷기와 치유의 과정이다.

삶의 변곡점에서
온 숨으로

　현대의 빠른 사회적 변화 안에서 결핍된 내면의 남은 욕망들은 늘 부족함을 채우기에 급급하다. 이와 같은 시대에 나의 나다움과 마주하는 길은 나 자신의 내면 변화를 묶어 통합으로 엮어 가는 희망이자 소망이다. 그런 의미에서 행복은 그 안에 즐거움과 기쁨이 내재되고 평화로운 관점의 에너지로 방향을 전환해 가는 것이다. 참된 치유에 이르면 연상된 기억의 흔적들을 마주하고 그 속에서 나를 변화시키고, 나를 사랑하는 사람으로 바뀌게 해준다. 존중과 감사의 마음으로, 때로는 수용하고 따뜻한 가슴으로 받아들이는 사람으로 승화시켜 간다. 이렇게 하기에는 몸의 변화에서 느낄 수 있는 호흡이 밑받침이 되어 주어야 한다.

　긴장된 몸이 자연스럽게 호흡으로 편안해지는 몸의 사용법을 배워보자. 조금씩 변화되는 내 자신의 모습을 차츰 느낄 수 있다. 살짝 긴장만 해도 스트레스 호르몬인 코티솔이 나와 승모근과 목 주변이 뻣뻣해지는 현상이 몸에 나타난다. 나 또한 처음에는 호흡법을 통해서 내 몸을 이완시켜 보자 해서 덤빈 것이 시작이었다. 그 후 하루도 빠지지 않고 호흡을 조금씩 수련하게 되었다. 당연히 호흡은 저절로 되는 것이라 생각했으나 그것이 아님을 깨달으면서 매일 매일 새벽에 일어나 반복해 갔다. 숨으로 나를 느끼고 숨으로 생명의 존귀함을 알게 하는, 몸을 이완하는 스트레칭이나 요가와 함께. 그러자 놀라운 기적의 대반전이 어느 날 일어났다. 호흡이 빠르다는 것을, 그만큼 내 안에 여유 공간이 부족하다는 것을. 그래서 몸이 쉽게 긴장되면서 뻣뻣해진다는 것을 알았다.

그 후 비로소 빠르게 앞만 보고 가는 삶을 살았나 돌이켜 보았다. 생존경쟁이었던 삶이 호흡을 통해 여유 있는 삶으로 변화해 갔다. 가쁜 호흡에서 벗어나 회복하는 방법을 확실히 알게 되면서 몸이 희열을 느끼는 순간이 지속되었다. 사람을 만나는 것에만 희열을 느꼈던 내가, 일상에서도 변화되는 몸의 모습에서 기쁨을 찾고 있었다. 일상의 삶에서 살아 있다는 나의 현존이 꾸준하고 매일매일 실천하는 호흡 수련을 통하여 명상의 세계를 열었다. 그것을 일컬어 '호흡명상'이라 한다.

약간의 운동으로 몸을 풀고, 코로 숨을 들이마시면 공기는 폐부 깊숙이 들어가 배가 부풀어 오르는 것을 느낄 수 있다. 거기서 숨을 잠시 멈추고 다시 숨을 코로 천천히 내쉬면서 배를 등 쪽으로 붙이는 느낌으로 집어넣는다. 처음에는 잘되지 않았지만 오랜 기간 수련을 하다 보면 저절로 되기도 한다. 이렇게 호흡을 통해 신선한 산소를 들이마셔 전신의 신진대사가 활성화되니, 노폐물은 배출되고 심리적 안정과 스트레스 해소에 도움이 되고 있다. 그렇게 나의 몸은 균형 유지를 하려고 습관적인 일정을 찾아 가고 있다. 그래서 요즈음은 모든 일에 호흡을 덮으면서, 차분히 외적인 모습보다는 내면적으로 침잠하는 시간이 조금씩 늘어 간다.

몸, 마음의 변화

긴 어둠의 터널을 지날 때 멀리서 터널 밖의 빛을 보기 시작했다. 시간의 흐름에 따라 어둠에서 여명을 맞이하는 순간을 맞이하게 되었다. 과거에 정해진 프레임에 갇혀 있었다면, 이제는 프레임이 벗겨져 나가면서 통쾌함이 느껴졌고, 뻣뻣했던 온몸은 사방으로 자연스럽게 스트레칭 할 수 있게 되었다. 그러다 보니 목과 어깨가 유연해지면서 단전에 힘도 생기니 자연히 몸에 활력이 돌았다. 손발이 따뜻해지며 머리는 시원하고, 가슴은 편안해지고 배는 따뜻해지며 내 몸의 "수승화강"이 일어나고 있다. 내 몸과 마음이 말해주는 것을 확실히 알 수 있는 기쁨도 느꼈다.

몸과 마음의 근력이 쌓여감에 따라 나눔을 하는 치유자가 되고 또 다른 타자들을 치유의 세계로 안내하는 치유 촉진자가 되었다. 먼 길 돌아와 사람을 사람으로 사랑하는 섬김의 마음으로 베풀고 있다. 먼 길의 "산티아고 데 콤포스텔라" 내 안의 남은 길은 내면의 변화가 따뜻한 마음으로 손을 내미는 사랑의 치유자가 된다. 사랑과 온유한 마음으로 선한 영향력을 미치는, 따뜻한 온기와 생기를 불어넣는 자연의 치유자를 소망한다.

나는 몸 마음의 힐링 촉진자Mind-Body Healing Practitioner와 그리고 숲 치유자Forest Healer로 예술명상가Art Medition Practitioner로 일하고 있다. 자연 안에서 사람의 몸과 마음의 치유와 관련된 일이다. 내 생애 후반기의 삶이 치유자로 공부하면서 수련하고 수행하며 최근에는 시니어들을 위한 요가와 운동을 지도하는 교육지도자 HSLPHappy of Senior Life Program가 되어 평화롭고 행복하게 살아가고 있다. 이 모든 것이 스페인의 산티아고 순례길을 걸었던 경험, 먼 길의 여정에서 내 삶을 알차게 만들어 나가는 큰 인생정원의 모티브가 되어주었다. 그 일의 연장선상에서 한때는 백두대간 등산도 하면서 튼튼한 다리를 가지고 세계 여러 나라들을 많이 걸었다. 그중에서도 스페인 산티아고 순례길은 여전히 더 걷고 싶은 길이자 다시 걷고 싶은 희망

의 길이다. 그곳의 길은 나에게 삶의 변곡점이 바뀌는 은총이 함께하는 여정이었다. 밑바탕에는 내가 두 발을 단단하게 딛고 서 있는 거대한 자연 안에서 대지가 나를 보호해 주고 온 우주의 흐르는 에너지가 계속 성장하도록 생성한다.

다시 산티아고의 바람으로

우리, 함께 걸을래요? 천천히,

바람을 맞으며 걷는 길에서 한 걸음 한 걸음 마음을 추스르고 걷는다.

먼 길이 아니어도 내가 가는 발걸음은 나의 길이 되어준다.

길 위의 리듬이 곧 내 삶의 리듬이 된다.

때로는 웃으며, 때로는 비바람의 폭풍이 불듯이

넘어지기도 하고, 멈추기도 한다.

노란 화살표, 상쾌한 맑은 공기, 파란 하늘, 지평선처럼 넓은 들판,

지친 몸은 산티아고 대성당 앞에 섰을 때의 희열감

길고 긴 먼 거리를 걸어왔다. 발은 물집이 잡혔고

몸의 상태는 피곤함으로 둘러싸였는데

막상 도착을 하니 기쁨이 평온으로 맞물려 있었다.

찰나의 그 모든 여정들이 파노라마처럼 지나갔다.

다시 그 길의 끝인 피네스테라Finisterre에서

황금빛 노을이 바닷속으로 침잠해가고,

묵시아Muxia에서 성모마리아를 만나고 전설이 깃든

성지가 있고, 완전 길의 끝인 묵시아는 묵상과 명상을 위해

머무르는 곳. 조용하고 감성적 여운이 깊었던 묵시아의 나날들.

몸과 마음의 근육을 만들어 가면서 나를 일으켜 세운다.

머무르지 말고 삶의 리듬에서 따뜻함을 품으면서

의식을 가지고 행복의 마음으로 주의를 준다.

그렇게 오늘도 내일도 다가올 미래도 긴 호흡으로

온 숨으로 걷자.

심은주
고려대명강사최고위 21기
공저위원장 겸 홍보위원장

Mobile
010-5443-7895

Email
jasimy@naver.com

학력 및 경력 사항
- 호서대학교(서울) 벤처대학원 경영학(벤처경영 전공) 박사
- 홍익대학교(서울) 세무대학원 세무학(세무학 전공) 석사
- 경희대학교(서울) 생활과학부 아동주거학과(주거환경학 전공) 학사
- KAIST(서울) 경영대학원 고급디지털마케팅 과정 수료
- 한양대학교(서울) 위탁 IT신기술디지털 과정 수료
- (현) 하나은행 경희대출장소 출장소장 재직 중

강의 분야
- 금융교육(자산관리, 은퇴 설계, 디지털 금융 활용, 금융사기 예방 등)
- 역량 강화 코칭, 자기개발, 리더십, 인사운영, 시니어비즈니스

자격 사항
- 금융감독원 인증 금융교육 전문강사
- KAC(Korea Associate Coach) 한국코치협회 인증 코치
- 사회복지사 2급, 은퇴설계전문가(ARPS), 외환전문역(1종),
- 증권투자상담사, 파생상품펀드투자상담사, 부동산펀드투자상담사,
- 간접상품판매자격, 변액보험판매관리사, 기업교육강사 1급,
- 평생교육강사 1급, 노인교육강사 1급, 명강의명강사 1급,
- 리더십지도사 1급, 스피치지도사 1급, 인성지도사 1급, 부모교육상담사 1급

수상 내역
- 2015년 하나은행 은행장 표창, 사회공헌부문 하나천사 은상 대표 수상
- 2018년 하나은행 은행장 표창, 아이디어 Festival(행내부문) 장려상(2위) 수상
- 2025년 호서대학교 총장 표창, 박사학위 우수졸업논문상 수상

저서
- 고려대 명강사 25시(공저): RED, BLUE,. SILVER... 카멜레온 금융교육 전문강사
- 학위논문 박사 1편(직무몰입)
- 학술지 논문 2편(잡크래프팅, 직무역량, 조직문화)

CHAPTER 7

RED. BLUE.. SILVER...
카멜레온 금융교육
전문강사

작은 일도 무시하지 않고 최선을 다해야 한다.
작은 일에도 최선을 다하면 정성스럽게 된다.
정성스럽게 되면 겉에 배어 나오고, 겉에 배어 나오면 겉으로 드러나고,
겉으로 드러나면 이내 밝아지고, 밝아지면 남을 감동시키고,
남을 감동시키면 이내 변하게 되고, 변하면 생육된다.
그러니 오직 세상에서 지극히 정성을 다하는 사람만이
나와 세상을 변하게 할 수 있는 것이다.
- 영화 〈역린〉 대사 중 예기 중용 23장

프롤로그

　어린 시절 내 여러 별명 중 하나는 무채색이었다. 흰색, 검정색, 그 중간 어딘가에 회색. 여자아이에게 가장 흔한 색인 분홍색은 나에게는 도전의 대상이었다. 주로 입고 다녔던 옷, 신발, 문구 등의 색이 좀 화려해질라치면 나 스스로가 참 어색하고 부끄러워 손이 안 갔던 기억이 난다.

　남들에게 집중되는 것이 그저 두렵고 소심해서 수업 시간 발표도 떨리는 목소리와 두근거리는 심장으로 겨우 이겨냈던 여자아이는 성장 과정에서 다양한 색깔로 덧입혀졌다. 어느 때는 뜨거운 붉은 색으로, 어느 때는 냉철한 푸른 빛으로, 어느 때는 그저 고요하고 빛바랜 은빛으로. 그렇게 여러 색이 더해지며 중년의 나이가 되었다.

　돌아보니 이리 다양한 빛깔을 발색하게 된 것은 사회생활을 해나가며 처한 상황에 적응하는 가운데서 내가 그리는 미래를 이루기 위한 고민과 노력이 담긴 보호색이 아닐까? 마치 카멜레온처럼.

RED: Next Challenge, 새로움에 대한 도전, 금융교육 전문강사

나는 2001년 3월 첫 직장인 하나은행에 입사하여 현재까지 근무하고 있다. 대학을 졸업하고 바로 입사한 직장에서 24년을 보낸 은행원에게 '도전'이라는 단어는 어울리는 단어가 아니다. 언뜻 밋밋해 보이고 그저 안정적으로 살아갈 것 같은 은행원인 나에게 현실에 대한 결핍, 성장하고자 하는 고민, 새로움에 대한 도전은 내 삶을 열정으로 붉게 물들인 원동력이라고 말하고 싶다.

1997학년도 대학수학능력 시험. 최초로 400점 만점으로 총점이 바뀐 첫 수능. 전 과목 만점자가 하나도 없었던 유일한 수능으로 역사상 최악의 불수능이라는 평가를 받는 그 수능이 내가 본 수능이었다. 고3 때 희망하던 홍익대 건축학과는 떨어지고(당연히 떨어질 꺼라 생각했다.) 성적에 맞춰 대학교에 입학을 했다.

아직은 진로에 대한 고민이 깊던 대학 1학년, 때마침 1997년 말 대한민국은 IMF를 맞이하였고 우리 동기들은 IMF학번이 되었다. 나는 진로에 대해 고민하고 방황하던 대학 1학년 때도 성적장학금을 받을 만큼 충실히 학업에 임하기는 했다.

이후 선배를 통해 타 학부에 실내건축을 하는 주거환경학과를 알게 되었고 복수전공을 하다가 전과를 하였다. 원래 건축이나 미술에 관심이 있던 나에게 새로운 전공은 청춘의 열정을 품게 하였다. 특히 대학전공을 통해 주거환경, 공간디자인, 가구디자인, 주택관리 등 구조적인 건축설계를 넘어 생애주기에 따른 주거환경의 중요성, 주거가 인간의 삶에 얼마나 큰 영향을 미치는지를 배우게 되었고 그때의 배움은 지금까지도 내게 큰 자산이 되었다.

졸업을 앞둔 무렵 외국계 회사 오피스를 중심으로 하는 실내건축회사에서 인턴을 마쳤다. 공사 현장은 열악했고 보상은 미약했으며 사회초년생에게 열정페이가 강요되는 실정이었다.

여러 가지 현실적인 고민 끝에 갑자기 진로를 변경하여 입사한 곳이 은행이었다. 나는 요즘 취준생처럼 금융업 취업을 준비하고 은행에 입사한 것은 아니었다. 낯선 환경에서 신입 시절을 보내며 부족한 기초 금융 지식을 키우고 싶은 마음이 강하게 들어 금융자격증을 취득하고 다수의 업무 연수를 수강하였다. 그리고 입사 5년 차에는 세무학을 공부하여 석사 학위를 취득하였다. 내가 원하고 준비해서 입사한 곳은 아니지만 성격상 나에게 주어진 일은 최선을 다해 잘해 내야 하는 성격이라 입사 후라도 나의 전문성을 채우고 싶었던 것 같다. 현실에 대한 결핍과 성장하고자 하는 고민은 항상 나를 새로운 도전으로 이끌었다.

회사에 다니면서 학업을 할 수 있는 야간대학원으로 경영학, 경제학,

회계학 등의 전공을 알아보다 우연히 세무학을 알게 되었다. 세무학은 실생활에 유용하면서 전문지식을 배울 수 있는 학문이란 생각이 들었고, 무엇보다 세무학 전공자가 흔치 않아 경쟁력이 있다고 판단하였다. 홍익대학교 세무대학원에서 만난 동기들은 은행이 전부였던 나에게 더 넓은 세상을 보여줬다. 국세청이나 세무서에 근무하는 세무공무원, 기업의 재무회계 담당자, 개업 세무사, 세무회계 일타강사, 세무 전문 변호사가 되겠다던 사법고시를 합격한 사법고시 연수원생 등 다양한 사람들이 자신의 꿈을 위해 모였다. 이렇게 다채롭게 모인 구성원들이 서로에게 어떻게 도움이 되고 선한 영향력을 미치는지를 배울 수 있었던 기회였다. 그 안에 있다는 것만으로도 내겐 도전이 되었다.

사실 내가 은행 내부에서 세무전문가의 자리를 차지할 수는 없었다. 이미 조직에 소속된 세무사, 회계사가 있었고 협력 세무법인들이 있는 가운데에서 나의 빈곤한 지식은 번데기 앞에서 주름잡는 격이었다. 그러나 은행 영업점 손님들에게 나는 세무전문가였다. 세무사 상담은 부담스럽지만 실생활에서 세금에 대한 궁금한 점이 있거나 금융상품으로 세테크를 하고 싶은 손님들은 나의 세무 지식 선에서 상담이 가능했다. 여기에 석사학위는 나의 전문성을 뒷받침해주고 신뢰를 높여주는 무기가 되었다. 부동산 사장님, 약국 약사님, 게임회사 신입사원, 금융소득 종합과세 대상이 되어 속상해하시던 사모님 등 다양한 손님들과 세금을 주제로 대화를 나눴다. 그 과정에서 스스로 더 깊이 알고자 노력하였고 세법이 개정되거나 부동산 정책과 관련 세무가 변경될 때 누구보다 먼저 공부하고 습득하였다. 내가 좋아 시작한 학습은 조직 내에서 높은 영업 성과로 연결되기도 하였다. 나는 금융인으로서 나의 경험과 지식을 좀 더 활용하고 싶은 욕심이 있었다.

그 무렵 금융교육강사 활동을 시작하게 되었다. 2013년 하나은행 내에서 1사1교 금융교육강사로 위촉되었고, 2018년 금융감독원 인증 금융교육 전문강사 자격을 취득하였다. '1사1교 금융교육'은 금융감독원이 주관하여 금융기관과 학교 간 결연을 통해 진행하는 금융 교육 프로그램으로 초중고 학교를 방문하여 학생들에게 금융 관련 지식 및 실무 경험을 제공하는 교육이다.

나는 1사1교 활동을 통하여 중학교 방과 후 과정, 졸업을 앞둔 고3 등 중고등 학생들에게 금융교육 강의를 했다. 이후 군부대 신병훈련소, 대기업 신입사원 연수, 공기업 은퇴를 준비하는 직원, 대학교 기숙사 입소 신입생, 사회공헌 법인이 후원하는 대학생 등으로 범위를 확장해 금융교육 강의를 진행하였다. 은행 거래처에서 요청하는 경우는 근무시간에 다녀온 적도 있지만 개인 연차 휴가를 내서 다녀오는 경우도 종종 있었다. 금융교육 강사 활동을 하면서 내가 생각하는 것보다 청소년 학생들이나 일반인들이 금융 기초지식조차 배울 기회가 없고, 사람에 따라 금융 지식의 편차가 매우 크다는 것을 알게 되었다. 또한 유튜브 등 검증되지 않은 매체로 잘못된 금융 지식을 습득하거나, 리딩방 등을 통해 투자 피해를 당하거나 금융 사기에 쉽게 노출되는 심각한 현실을 접하면서, 우리나라 금융 현실을 개선해 좀 더 건강한 금융사회가 될 수 없는지도 고민하게 되었다.

COVID-19 사태 발생 후에는 금융교육 강의도 줄어들었고 조직 내에서 중간 책임자 자리에서 업무에 집중하는 시기가 되었다. 몇 차례 비대면으로 금융교육 강의를 진행하기도 하였지만, 사실상 모든 게 Shutdown 되고 코로나가 점령한 시대였다.

이 무렵 '50세 전에 박사학위 취득하기'라는 나의 버킷리스트가 번쩍 떠올랐다. 나의 새로운 도전 시작이었다. 코로나로 대학원 수업이 비대면으로 진행되어 업무에도 지장이 없게 시작할 수 있는 시기였다. 2015년부터 나는 은행 내에서 또는 외부 위탁 교육을 통하여 제4차 산업혁명과 관련된 지식을 학습할 기회가 생겼다. 제4차 산업혁명 주요 기술에, 평소 관심을 가지고 있던 우리나라 인구구조의 변화, 특히 초고령사회 진입이 가속화되는 현상, 시니어비즈니스, 은퇴자산 등을 적용하여 융복합하는 것은 매우 매력적이다. 박사학위를 취득한 호서대학교 벤처대학원의 커리큘럼은 이러한 나의 니즈를 담고 있었다. 박사학위 과정을 통하여, 시대의 흐름에 맞게 금융지식 취약계층에 대한 금융교육과 복지경영에 대하여 더 깊이 있게 고민하는 계기가 되었다.

청소년 금융교육은 개인의 올바른 경제적 습관을 형성하는 데 핵심적인 역할을 한다. 금융 지식은 단순히 돈을 다루는 기술이 아니라, 장기적으로는 경제적 자립과 삶의 질 향상에 직결된다. 청소년들에게 1사1교 금융교육은 단순한 지식 전달을 넘어, 금융기관과 지역사회, 학교가 함께 청소년의 미래를 책임지는 공동체적 의미를 지닌다. 청소년들은 금융기관 전문가들과 직접 소통하며 현실적인 금융 감각을 익히게 되고, 금융기관은 사회적 책임을 다하는 동시에 장기적으로는 건강한 금융 소비자층을 육성하는 긍정적 효과를 얻는다.

그러나 수년간 금융기관의 사회공헌에 의존하여 진행된 1사1교 금융교육은 분명 한계가 있다. 이제 청소년들에게 흥미를 주면서 좀 더 체계적인 설계를 통해 전문적인 교육을 제공할 시점이 되었다. 2024년 12월 23일 우리나라는 공식적으로 초고령사회(65세 이상 인구 비율 20% 이상)에 진입했다. 이는 2017년 고령사회(65세 이상 인구 비율 14% 이상)에 진입한 지 7년 만에 전환된 것으로 당초 예상보다 1년 앞당겨진 시점이었다. 어르신들은 평생 했음에도 불구하고 금융이 우리 생활에 얼마나 밀접한지 모르고 있다. 금융교육에 소홀했던 노령세대에게 은퇴자금 마련 및 활용, 금융사기 사고 예방 교육은 매우 필요한 교육이다. 또한 한국 금융에 대한 이해도가 낮은 이주민 여성, 다문화 가정의 자녀, 북한탈북자 등의 금융취약층도 마찬가지다.

BLUE: Next Step,
아날로그와 디지털, 그 너머 AI

1970년대 후반생인 나는 청소년기에 좋아하는 가수의 음악을 들을 때 카세트 테이프로 즐겼다. 이후 CD, MP3 플레이어를 지나 이제 휴대폰에서 AI가 추천하는 음악을 스트리밍으로 듣는다. 그리고 가끔은 LP판에 지지직거리는 음색을 즐기기도 한다.

나는 우리 세대를 아날로그에서 디지털을 지나 이제 제4차 산업혁명 기술까지 누리는 축복받은 세대라고 생각한다. 우리는 아날로그 감성이 풍요로웠던 과거를 지나, 디지털 혁명의 파도 속에서 빠르게 변화했고, 이제는 인공지능AI이 주도하는 새로운 사회를 마주하고 있다. 한때 세상은 손때 묻은 종이책과 필름 카메라, 라디오와 같은 아날로그 매체에 의존했다. 디지털 시대를 살아가는 지금 돌아보면 느리고 불편했지만, 그 안에는 고유의 감성과 질서가 있었다.

그래서일까? ChatGPT로 프로필 사진을 지브리풍 애니메이션으로 만들고, Gemini 멀티모달 기능으로 손쉽게 전 세계 최신 정보를 모아서 문서를 작성하는 시대에도 나는 아직 전자책보다 종이책을 더 좋아한다.

AI를 활용해 작성한 보고서를 읽을 때도 태블릿 PPT보다 출력본에 줄을 긋고 읽어야 더 머리에 들어오는 게 사실이다. 지금도 운전할 때 스트리밍보다 라디오를 듣는다. 휴대폰에 수천 장의 사진을 가지고 있지만 오래 간직하고 싶은 것은 필름카메라로 찍어서 인화한 사진인데, 사진첩에 배열하는 손맛이 즐겁다. 이렇게 아날로그와 디지털이 혼재된 사회에서 혹자는 아날로그와 디지털을 개인 취향의 영역이라 말하기도 하지만 나의 생각은 다르다.

이 시대에도 디지털 리스크를 우려하여, 아날로그 방식을 고수하며 디지털을 배제한 삶을 사고자 하는 사람도 있다. 은행에서 근무하는 나는 종종 인터넷뱅킹, 모바일 금융앱, 결제 페이시스템 등 디지털금융에 극도로 부정적인 생각을 가지고 거부하는 금융소비자를 접할 때가 있다. 그러나 그 금융소비자가 과연 디지털이 완전하게 배제된 방식의 금융만을 이용할 수 있을까?

디지털은 이미 우리가 인지하지 못한 삶의 영역까지 깊게 들어와 다양한 분야의 시스템을 움직이고 있다. 2010년대 들어 4차 산업혁명이 본격화되어 인공지능, 빅데이터, 사물인터넷, 로봇공학, 블록체인 등 첨단 기술은 물리적, 디지털적, 생물학적 세계의 경계를 허물기 시작했다. 이제 공장은 스스로 판단하고, 금융거래는 국경과 시공간을 넘어 실시간으로 최적화되며, 의료는 환자별 개인 맞춤형으로 진화한다. 디지털은 더 이상 단순한 수단이 아니라, 인간 사회를 구성하는 필수적 인프라가 된 것이다.

나는 특히 제4차 산업혁명 기술 중에 AI와 AI를 활용한 디지털금융에 관심이 많다. 최근 사회를 이끌어가는 중심축이 AI로 옮겨가고 있다. AI는 단순한 반복 작업을 넘어, 인간처럼 사고하고 판단하는 수준으로 발전하고 있다. AI 중심 사회에서는 과거의 경험이나 직감만으로 살아남기 어렵다. 2016년 이세돌 9단과 알파고의 바둑 대국과 같이 인간이 AI와 게임을 하듯 경쟁하는 것이 아니다. AI와 협력하며 새로운 가치를 창출해야 하는 시대를 맞이한 것이다. 의료 분야에서는 환자 진단과 치료 계획을 AI가 제안하고, 교육 분야에서는 학생 개인별 학습 플랜을 설계하며, 금융투자 분야에서는 수익률을 극대화하는 투자 전략을 AI가 스스로 설계하기도 한다. 급변하는 시대, 금융의 디지털 전환 중심에 AI가 있는 것이다.

디지털화된 금융은 핀테크의 형태로 우리 삶 깊숙이 들어왔다. 스마트폰 하나로 송금하고, 투자하고, 대출까지 받을 수 있다. 비트코인과 같은 디지털 자산은 새로운 투자 수단으로 떠올랐고, 인공지능 기반 로보어드바이저는 개인 맞춤형 자산관리를 제안한다. 금융거래 이력이나 소득 수준 등을 바탕으로 평가했던 대출 차주의 신용은 AI를 통해 온라인 소비 형태 등 비정형 데이터를 포함한 다양한 정보를 분석하여 개인의 대출 상환 능력을 더욱 정밀하게 예측하게 되었다. 보험업계에서는 AI가 청구 내역과 병원 기록, 진료 패턴을 분석해 사기 가능성이 있는 건을 선별한다. 또한 간단한 청구 건에 대해서는 AI가 자동으로 심사하고 지급까지 처리하여 고객의 편의를 높이고 있다. AI는 수많은 거래 데이터를 학습하여 평소와 다른 의심스러운 거래를 실시간으로 감지하여 보이스피싱, 계좌 탈취, 내부자 거래 등 금융 범죄를 조기에 차단하는 데 활용되기도 한다. AI와 같은 디지털 신기술로 금융의 세계는 이전보다 훨씬 더 빠르고, 편리하고, 복잡해졌다.

금융의 디지털화는 셀 수 없이 많은 긍정적 측면이 있으나 그 이면에 또 다른 위험을 내포하고 있다. 금융기관 해킹으로 인한 개인정보 유출, 금융취약층의 금융사기 노출, 사이버 범죄를 통한 금전적 피해, 가상화폐의 투기성과 안전성 문제, 과도한 부채, 투자 실패 등의 문제가 언제든 개인을 덮칠 수 있다. 정보는 넘쳐나지만 모든 이들이 제대로 이해하고 판단하는 능력을 갖고 있지는 않으며, 금융 격차와 디지털 소외 현상도 심화되고 있다. 그래서 디지털과 AI 기술이 주도하는 시대일수록, 개인은 경제 주체자로 자신의 자산을 관리하고 스스로 금융을 이해하고 다루는 능력을 갖추는 것이 매우 중요하다. 단순한 저축 방법이나 대출 이자 계산법을 아는 수준을 넘어, 디지털금융 서비스를 이해하고 투자 리스크를 분석하며, 금융사기를 예방하는 역량이 필수적이다.

지금 우리는 디지털 혁명을 지나 AI 혁명의 길목에 서 있다. 이 거대한 변화를 두려워하거나 회피할 수는 없다. 대신 우리는 더 깊이 이해하고, 더 적극적으로 준비해야 한다. 디지털 시대를 넘어 AI 중심 사회로 나아가는 길목에서, 금융을 이해하고 다루는 능력은 더 이상 선택이 아닌 생존의 문제다. 특히 고령자, 청소년, 이주민 여성, 외국인 근로자 등 금융취약층에게 금융 기초지식과 함께 디지털금융 교육을 제공하고 지원한다면, 그들이 이 시대를 좀 더 편안하게 살아갈 수 있을 것이다.

디지털 금융교육은 학습자를 세분화하여 전통적인 금융 지식과 함께 디지털금융의 흐름과 안전한 활용법 등 금융 리터러시를 체계적으로 가르치고, 학습자가 디지털금융 환경에 자연스럽게 적응할 수 있도록 해야 한다. 변화하는 금융 트렌드에 맞춰 다양하게 활용하고 적용하는 방법을 학습할 수 있도록 교육을 제공해야 한다. 이러한 디지털 금융교육은 개인의 경제적 자립과 성장뿐 아니라, 사회 전체의 지속 가능한 발전을 위해서도 반드시 필요한 일이라고 생각한다.

SILVER: Next Life,
당신에게 남은 나이는 몇 살입니까?

반백 살, 나는 생체 나이 50세를 앞두고 있다.

내가 소속된 은행은 임금피크제도가 도입되어 대부분의 직원들이 만 55세에 퇴사를 한다. 나도 곧 나의 첫 직장에서 첫 번째 은퇴를 앞둔 나이가 된 것이다. 이 첫 번째 은퇴는 오랜 기간 나에게 기반이 되었던 조직을 퇴직하는 의미를 지니지만, 진짜 은퇴는 아니다. 그래서 새로운 업, 인생 이모작, 은퇴자금 관리 등 여러 가지 현실적 고민과 함께 나에게 다가오는 시니어란 어떤 의미인가 생각이 깊어지는 요즘이다.

100세 시대를 넘어 120세 시대를 외치는 우리나라는 저출산 문제와 더불어 2024년 초고속으로 초고령 사회가 도래되었다. 최근에는 과거와 다르게 '시니어'와 '노인(고령자)'에 대한 인식이 분리되고 있다. 2025년 하나금융경영연구소의 조사자료를 보면, 우리나라 50~60세들은 '시니어'는 평균 64세, '노인(고령자)'은 평균 73세로 생각하고 있다. 5060 세대는 자신이 곧 '시니어' 세대가 된다고 인식하면서도 '노인'과는 다른, 여전히 젊고 활기찬 활동성을 지닌 존재로 생각하고 있는 것이다.

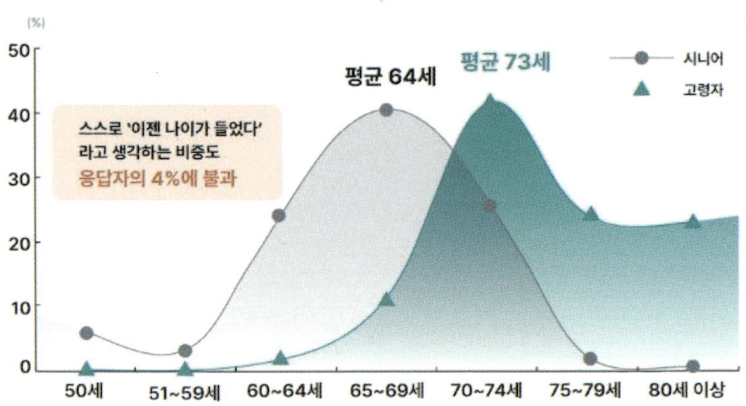

출처 '5060 시니어의 The Next 라이프', 하나금융연구소(2024)

　나는 이 조사의 핵심은 대상을 50~60대로 선정한 것이라고 생각한다. 과거 시니어는 노인, 고령자와 동일한 의미로, 최소 65세 이상에서 80대 이상까지 아우르는 광범위한 연령대를 지칭하였다. 그러나 시대가 달라지고 세대가 달라진 것이다. 이러한 세대를 역동적이고 기품 있게 SILVER 세대를 준비하는, 'Active Senior'라고 칭한다. 2020년 4월 우리나라 문화체육관광부와 국립국어원에서는 '액티브 시니어'를 대체할 우리말로 '활동적 장년'이란 단어를 선정하였다. 단어에서 그 특징을 알 수 있듯이 '액티브 시니어', '활동적 장년'은 50~60대 나이로 은퇴 후에도 주체적으로 여가, 소비, 사회 활동을 지속하면서 적극적으로 자신의 건강이나 외모를 관리하고 여유로운 자산을 기반으로 구매력을 지닌 세대를 말한다.

이러한 액티브 시니어들은 급속하게 기대수명이 증가함에 따라서 내 나이가 지금 몇 살인지보다는 나에게 남은 나이가 몇 살인지를 더 중요하게 인식하고 있다. 나의 남은 나이를 어떻게 살아갈지 생각하고 준비하는 노후 준비가 필수가 된 것이다. 과거처럼 '교육-일-은퇴'라는 3단계 인생 주기가 분리되며 세대 간 교류가 늘어나고, 고령층 역시 젊은 마인드를 유지하려는 경향이 강해졌다. 장수의 의미도 '오랫동안 늙은 상태로 사는 것'에서 '젊음을 오래도록 간직하는 것'으로 변화하고 있다. 시니어들의 일상은 더욱 적극적으로 변화 중이다. 건강 유지를 위해 취미활동을 지속하고, 비금전적 자산(인간관계, 여가 활동 등)을 확대하는 데 힘쓴다. 배우고 성장하려는 욕구가 강해졌으며, '나' 중심의 자립적인 노후생활을 지향하고 있다. 이러한 시대 변화는 고령층의 라이프 스타일을 젊게 변화시키고 있다.

특히 수명을 건강하게 연장하기 위해 일상 속 취미와 운동, 체력 관리를 필수로 여긴다. 노후에도 소일거리를 마련하며 운동을 통해 젊음을 유지하며, 여가 생활을 즐긴다. 여기에 재정적 준비 역시 필수적이다.

오늘날의 액티브 시니어들은 기존 고령 세대들의 부족한 노후자금과 심각한 노인층 빈곤이 개인적으로나 사회적으로 큰 문제가 되고 있음을 학습한 세대이다. 이에 기존 고령층보다 적극적으로 은퇴자금 마련을 위해 노력해서 상당 부분 자금력을 가지고 있는 시니어가 늘어났다. 이제 은퇴 후 고정 소득 확보 방안을 마련하는 것이 최우선 과제이고, 자산

규모 확대, 안정형 투자 비중 증가, 부부 간 재정 상황 점검 등 적극적으로 은퇴자금을 설계하는 사람들이 늘어나고 있다. 대부분의 액티브 시니어들이 은퇴 후에도 소득 생활을 희망하며, 금융 지식 향상에도 적극적이고, 재테크 및 금융 지식 수준을 높이기 위해 노력한다. 이렇듯 액티브 시니어에게 있어서 삶을 설계하는 데 가장 중요한 기반은 자산이라는 인식이 강하게 자리 잡은 것이다.

액티브 시니어들은 디지털 환경에도 빠르게 적응하고 있다. 대부분이 자녀나 지인들과 카톡을 주고받고 유튜브를 즐기며, 금융거래를 비롯해서 정보 탐색·학습, 일정 관리 등에서 활발하게 모바일을 활용하고 있다. 이미 디지털이 시니어 삶의 한 방식이 되었으며 자발적이고 자기 주도적인 디지털 전환의 모습을 보이고 있다. 수많은 정보를 검색하고 습득하며 AI를 통해 편리함을 누리고 있다. 이러하듯 액티브 시니어의 생활에 디지털은 매우 깊게 연결되었으나 좋은 점만 있는 것은 아니다.

디지털 시대에 금융사기는 더욱더 지능화되고 있다. 단순한 전화 금융사기를 넘어서, 정교한 보이스피싱, 스미싱, 가짜 금융 앱, 음성과 얼굴까지 조작하는 딥페이크 등을 이용한 사기가 늘고 있다. 이러한 위험은 금융 지식이 있다고 해서 피할 수 있는 문제가 아니다. 이에 액티브 시니어에게 최신 금융사기 유형에 따른 대응 방법 교육은 매우 중요하다. 시니어 대상 금융교육은 단순한 지식 전달이 아니라, 변화하는 위험에 대응하는 '금융 면역력'을 키우는 과정이라고 할 수 있다.

액티브 시니어가 디지털 금융을 활용하기 위해선 단순한 기기 사용법을 넘어서 금융 기술FinTech에 대한 이해가 필수적이다. 예컨대, 모바일 뱅킹 앱에서 보안 인증 수단을 설정하거나, 간편결제 서비스를 이용하는 과정에서의 보안 문제를 이해해야 한다. 또한 가상자산, 로보어드바이저, AI 기반 금융서비스 등 새로운 기술 기반 금융 도구들에 대한 올바른 이해와 판단력이 필요하다.

시대의 변화와 함께 자산 관리의 패러다임도 바뀌고 있다. 과거에는 은행 예금이나 부동산 중심의 자산 운용이 일반적이었지만, 이제는 주식, 펀드, ETF, 연금 등 다양한 금융상품을 활용해야 한다. 은퇴 이후 안정적인 현금 흐름을 유지하려면, 금융상품의 구조와 리스크를 이해하고 스스로 판단할 수 있어야 한다. 액티브 시니어는 이미 많은 금융 경험을 가지고 있지만, 디지털 환경 속에서 그 경험을 현재의 금융 환경에 맞게 재구성하고 활용하기 위해선 체계적인 금융교육이 필요하다. 이는 단순한 '사용자'가 아니라, '이용자'로서의 권리를 지키기 위한 첫걸음이다.

이 시대에 시니어는 과거와는 확연히 다른 새로운 모습을 보여주고 있다. 당신의 나이가 몇 살인지 묻는 시대는 지나갔다. 당신의 남은 나이가 몇 살인지, 그 남은 나이 동안 어떤 삶을 향유하고 싶은지 깊이 고민해야만 하는 시대이다. 이들은 더 이상 '은퇴한 노인'이 아니다. 배움을 지속하고 적극적으로 삶을 개척해 나가는 '젊은 시니어'로 진화하고 있다. 이러한 시니어에게 금융교육은 단순한 '지식 전달'이 아니라, 빠르게 변화하는 세상 속에서 자신의 삶을 지키는 방패이자, 더 나은 결정을 위한 나침반이다. 액티브 시니어는 이미 많은 경험과 지혜를 갖춘 세대다. 이제 그 경험 위에 최신 금융 지식이라는 무기를 더한다면, 변화는 위기가 아니라 기회가 될 수 있다. 그렇기에 지금 이 순간, 액티브 시니어에게 금융교육은 선택이 아니라 필수이다.

에필로그

나는 24년간 금융인으로 주어진 일에 최선을 다했다. 주어진 일은 작은 일이라도 정성을 다한다. 주어진 일에 최선을 다해 잘하는 사람에게 좋은 기회가 오고, 그런 사람은 새로운 일도 잘해 낸다는 게 나의 평소 지론이다. 소리 없이 쌓아 올린 노력으로 새로운 영역의 기회가 생겼고 나의 사고와 지식의 지평을 넓힐 수 있었다. 인생은 선택의 연속이란 말이 있다. 나는 인생의 선택지를 새로운 도전으로 채워나갔다.

돌아보니 나의 선택과 도전, 그리고 성장의 과정에서 함께한 가족과 친구, 동료와 선후배가 나의 스승이 되어주었다. 한 사람, 한 사람 얼마나 감사한 일인가. 그 감사의 마음이 모여서 나도 누군가의 성장에 힘이 되는 사회의 일원이 되고자 하는 마음을 품게 된 것 같다. 이 글을 빌려 내 삶의 여정을 함께한 수많은 스승님께 마음 깊은 감사를 전하고 싶다.

금융교육 전문강사는 사회에 보탬이 되고자 하는 나에게 하나의 통로가 되었다. 우리는 급변하는 경제 환경 속에서 살아가고 있다. 디지털 결제, 주식 투자, 가상화폐 등 새로운 금융상품과 서비스가 끊임없이 등장하고 있다. 하지만 고령자, 청소년, 외국인 근로자 등 이러한 변화에 대비할 수 있는 기본적인 금융 지식조차 충분히 갖추지 못한 채 사회를 살아가고 있는 금융취약층이 있다. 체계적인 금융교육 제공은 그들의 삶을 풍성하게 만드는 무기가 될 것이다. 나는 실질적으로 도움이 되는 금융교육을 통해 우리 삶의 생애주기의 중요한 순간마다 든든한 기반이 되어 사회 초년생이 경제적 자립을 이루고, 한 가정의 삶이 풍성해지며 안정적인 노후 생활을 마련하는 건강한 금융의 미래를 그려본다.

그 여정에 나도 다양한 색깔을 지닌 카멜레온 금융교육 전문강사로 함께할 것이다.

윤진순
고려대명강사최고위 21기
소통회장

Mobile
010-4455-9904

Email
jinsun9904@hanmail.net

학력 및 경력 사항
· 사회복지학 박사
· 심리상담학 박사
· (현)서정대학교 겸임교수
· (현)동원대학교 겸임교수
· (현)채워주는 사람들 이사
· (현)한국가요작사, 작곡가 이사

강의 분야
· 사회복지학, 심리상담학, 웰다잉, 미술치료, 평생교육사, 다문화

자격 사항
· 평생교육사 2급(교육부장관), 사회복지사 2급(보건복지부장관)
· 요양보호사(서울시장), 인성지도사, 아동심리상담사, 진로적성 상담사
· 학교폭력예방상담사, 분노조절 상담사

수상 내역
· 한국사회공헌대상 구청장표창 6회, 오산경찰서표창, 양천경찰서표창
· 모범시민상 2회, 노인의료복지시설 인권지킴이표창, 청소년육성회표창

저서
· 고려대 명강사 25시(공저): 스트레스(Stress)는 모든 병의 시작이다
· 학위논문(석사, 박사 2편)
· 사회복지정책론
· 장애인복지론
· 능소화 시 문학회 2집(설레임) 인생의향기(공저)

CHAPTER 8

스트레스(Stress)는 모든 병의 시작이다

부모의 삶을 보고 내일에 있을 너를 보라.
부모가 꽃이면 너는 꽃씨니라.
부모는 너와 같은 끌림으로 만났고
때와 가치는 다르지만 바탕이 같으므로
즐겁고 괴로운 일들은 더욱 강해지느니라.
이 세상에 보이는 것은 변하지 않음이 없으며
끝이 없는 것은 없느니라.
네 몸도 머무름 없이 모이고 커지고 멎고 흩어지고
마침내 돌아가고 오느니라.

생명을 이루는 세 가지 원소

 스트레스란 심리적으로 감당하기 힘든 상황에서 느끼는 불안함과 위협을 의미한다.

 마음이 즐거우면 몸도 즐겁고 활기차서 몸속에 있는 모든 장기臟器의 기능이 활발해지고, 혈행血行이 순조로워져서 몸 구석구석까지 물, 불, 바람의 물질과 기운이 전해진다.

 물, 불, 바람은 우리 몸을 구성하는 데 절대적인 요소의 에너지energy다. 물, 불, 바람은 스트레스를 받는 마음에 따라 정상적으로 작동하기도 하고 불규칙적으로 작동하기도 한다.

물water은 간단하게 수소 2분자와 산소 1분자로 결합한 물질이다.

인간 몸의 70%는 물로 되어 있고, 지구 표면의 약 70%도 물이 차지하고 있다. 모든 생명은 물 없이 살 수 없고 태어날 수도 없다.

불fire은 공기 중에서 가연물질可燃物質이 산화 반응에 따라 연소함으로써 빛과 열을 발산하는 상태이다. 또한 지구의 온도와 인체의 온도 36.5℃를 유지시켜 준다.

바람wind은 어떤 지역 간에 기압 차이가 날 때 기압이 높은 곳에서 낮은 곳으로 공기가 흐르는 현상이다. 바람은 지구 전체의 대기 순환이며 모든 생명을 유지케 하는 들숨 날숨이다.

이처럼 생명을 이루는 세 가지 원소element가 물, 불, 바람이다. 인체 안에 함께 존재하며 상극 상생으로 하나 되어 존재하는 물, 불, 바람의 현상과 속성에 맞는 의미와 가치를 부여하여 '세으뜸'이라 하였다.

스트레스는 세으뜸의 균형을 깨뜨린다

물은 차가워지며 수축하는 힘으로 낮은 데로 흐르고, 다투지 아니하며, 머물 때 수평을 이룬다. 이 같은 물의 속성에 어긋나는 마음을 가질 때 우리 몸 안에 물의 균형이 깨지는 것은 당연한 일이며 균형이 깨진 것을 '병'이라 한다. 에모토 마사루가 관찰하여 집필한 책『물은 답을 알고 있다』의 내용을 보면 사람의 감정에 따라 외부 물의 형태가 변형되는데, 우리 몸 안에 있는 물이야 두말할 필요가 없다.

불은 더워지며 팽창하는 힘이며, 위로 오르며 지구의 온도와 인체를 36.5℃로 유지시켜 준다. 이처럼 불은 모든 생명을 키우고 살아 있게 하는 것이다. 따뜻한 불의 속성에 맞지 않는 것은 냉정한 마음이다.

바람은 물과 불의 상극 관계를 상보 관계로 조절하는 힘이다. 무소부재無所不在로 1㎣ 더 채움이 없고, 머무름이 없는 자유자재의 속성에 맞지 않는 채우기만 하고 비우지 않는 마음이 세으뜸의 균형을 깨뜨리는 마음일 것이다.

그래서 선인들은 수행의 으뜸을 마음 수양에 두었고 마음 수양만이 인간사 모든 괴로움으로부터 벗어나는 길이라고 가르쳤다. 그런데도 사람들은 마음 닦음에 힘쓰기보다는 눈에 보이는 것들에 집착하여 즐거워하려는 마음을 어둡게 하고 있다. 인체의 구성 요소는 세으뜸의 각기 고유의 성향을 가지고 물은 아래로 내려오려고 하며 차가워지는 성향, 불은 위로 오르려 하고 더워지는 성향, 바람은 유행하며 더워지고 차가워지는 성향이다.

세으뜸 성향은 우리 몸 안에서 잠시도 쉬지 않고 정교하게 상호 보완하며 작동한다. 이 작동의 밸런스balance가 맞지 않으면 아프다. 문제는 이 밸런스에 마음이 영향을 준다는 것이다. 이를테면 우리가 밥을 먹다 깜짝 놀라면 바로 급체가 된다. 몹시 화내면 얼굴이 뜨거워지면 피가 위로 솟아 얼굴이 붉어진다. 이처럼 우리 몸의 구성 요소인 세으뜸은 마음에 따라 거짓 없이 물리적 화학반응으로 작동되는 정교한 시스템이다. 면역이 약해지고 스트레스를 받으면 맨 처음 찾아오는 병의 시작이 감기다. 이 감기의 시작 증세가 오한이다. 오한은 몸이 더웠다 추웠다 하는 것을 말한다. 냉, 온 즉 세으뜸의 밸런스가 깨진 것이다.

그러므로 병이 나면 마음부터 살펴서 평상심을 찾는 것이 먼저이고, 그다음 약을 먹어야 하는데 사람들은 마음을 돌아보기보다는 약을 먼저 찾는다. 약을 먹고 병이 나았다 하더라도 병의 근원은 가지고 있으므로 언제든지 재발할 확률이 높다.

누구나 태어나고 늙고 병들고 죽어 가는 것은 정해져 있고, 비켜 갈 수 없으니 이를 운명이라고 한다. 그 과정에서 아픈 것은 누구나 원치 않는 괴로움이다. 그래서 병이란 마음에 심어진 괴로움이 드러난 것이라고 할 수 있다.

가령 누군가가 불치병에 걸려 도저히 인간의 능력으로는 회생 불가능이라는 판정을 받았을 때, 우리의 이성은 이를 받아들일지라도 우리의 감성은 그 병에서 벗어나고자 몸부림을 치게 마련이다. 그래서 때로는 눈물로 밤을 지새우기도 하고, 때로는 가족 친지를 모아놓고 마음의 준비를 하기도 한다. 그래 놓고 간혹 어딘가에 좋은 약이 있다는 소리를 들으면 불원천리하고 달려가 거기에 희망을 걸어보기도 하고, 경우에 따라서는 종교에 귀의하여 신(神)에게 그 명을 빌어보기도 한다.

그러나 이런 모든 노력들은 이미 우리의 마음이 고통의 틀 속에 갇혀 있음을 뜻하는 것이다. 고통의 틀 속에 있을 때는 그 고통에만 몰두하게 되고 주위의 사정이나 관계에 대해서는 거의 눈을 돌리지 못하게 된다. 그래서 고통은 점점 더 커지고 결국에는 고통에 못 이겨 자포자기하거나 목숨의 끈을 스스로 놓는 경우도 생기게 된다.

인간의 몸은 세으뜸 힘으로 만들어진 것이다. 세으뜸이 있어 그 정교한 메커니즘mechanism 덕분에 스트레스를 받지 않고 마음이 평화로울 때 건강한 몸이 되는 것이다.

좀 더 구체적으로 영원히 변하지 않는 성향으로 한 치의 오차도 없이 움직이는 세으뜸의 이치를 보면 물의 차가운 힘은 낮추고자 하는 성질로 나타나니, 높은 마음은 물의 본성에 어긋남이다. 불의 더운 힘은 살리고자 하는 성질로 나타나니, 맺힌 마음은 불의 본성에 어긋남이다. 그리고 바람의 움직이는 힘은 머무르지 않는 성질을 가졌으니, 채우고자 하는 마음은 바람의 본성에 어긋남이다. 아픔은 이러한 세으뜸의 본성에 어울리지 않는 마음으로 인해 생겨나는 것이다. 반면 건강하다는 것은 세으뜸의 본성에 잘 맞는 마음가짐으로 사는 것이라 말할 수 있다.

종교 중심에도
마음이 있다

불가^{佛家}에서 모든 일의 원인을 일체유심조^{一切唯心造}라고 한다 모든 행, 불행이 마음에서 비롯된다는 주장이다. 유가^{儒家}는 심성론^{心性論}에서 마음이 먼저냐, 마음의 작용이 먼저냐 그리고 마음^心과 본성^性이 둘로 나뉘느냐^{이기이원론}와 하나에서 비롯된 것이냐^{일기일원론}에 따라 그 주장이 다양하게 전개되어 왔다.

도가는 무위자연^{無爲自然}을 숭상하며, 깨끗한 마음으로 자연의 이치와 법칙에 따라 살아가는 것을 근본 이념으로 삼고 있다. 이처럼 마음을 각각의 중심에 두고 있지만 분명히 손에 잡히는 설명이 이루어지지 않는 것은 여러 이유가 있겠지만 가장 큰 이유는 마음을 보는 관점이 다르기 때문이다. 그다음은 마음에 대해서 너무나 깊은 사색을 한 까닭에 마음을 이해하기보다는 그 설명을 이해하는 것이 더 어려운 자가당착에 빠졌기도 하다.

마음이라는 것은 상당히 복합적으로 사용되고 있는 개념이다. 어떤 때는 감정이나 기분과 동의어로 사용되기도 하고, 어떤 때는 윤리적인 자세나 올바른 생각, 이성이나 의지의 다른 말로 사용되기도 한다.

이러한 마음은 크게 세 부분의 영역으로 나눌 수 있다. 첫째는 이성理性의 부분이고, 둘째는 감성感性의 부분이며, 마지막으로 의지意志의 부분이다. 이성이란 올바름, 판단력을 말하고 감성은 때마다 돋아나는 분위기와 기분에 좌우되는 감정을 말한다. 그리고 의지는 이성의 판단과 감성의 분위기에 의해 만들어져 사람을 행동하게 하는 힘이다. 그런데 이 세 가지 중에서 가장 강한 것은 의지이고, 그다음이 감성이고, 마지막이 이성이다.

가령 부부 싸움을 할 때 이성적인 판단으로는 이러지 말아야지 하면서도 그때의 울화나 기분에 못 이겨 생각에 없는 말을 내뱉기도 한다. 이는 감성이 이성에 앞선다는 증거이지만 경우에 따라서는 이성이 감성을 이기는 경우도 많다. 그리고 의지가 가장 강하다는 것은 여러 종교의 전파 과정에 나타난 순교의 모습에서 찾아볼 수 있다. 예를 들면 한국 천주교의 전래 과정에서 생겨난 수많은 순교자들은 천주라는 새로운 신에 대한 이성적 신앙을 죽음이라는 감성적 위협에도 불구하고 끝까지 의지로써 지켜낸 것이다. 자기 옆에서 다른 교우가 고문을 당하고 피 흘리며 죽어 가는 와중에도 천주를 찾고 하늘나라에서의 영생을 믿으며 기꺼이 죽음을 맞이했던 것이다.

이처럼 마음의 영역 중에서 그 힘이 가장 강한 것이 의지일지라도 사람의 마음이 아무리 굳고 의지가 강해도 알지 못하고 행동하지 않으면 병은 고칠 수 없다. 이를 모든 종교의 가름침에서 말하고 있다.

종교 이념의 핵심을 보면 기독교는 '사랑', 불가佛家는 '자비', 유가儒家는 '인'을 내세운다. 또한 마음 비움을 통하여 함께 살기 위한 필요조건이자 본성인 '이타'적인 행동으로 즐거움을 가지라고 주문한다. 더 나아가 도가道家는 '무위자연'을 말하며 자연의 에너지energy인 세으뜸의 메커니즘을 따르라고 하고 있다.

불가佛家에서는 돼지나 소 등 축생을 잡을 때 "몸 바꾸러 간다."라고 한다. 몸 안에 깃든 영靈이 지금의 몸을 벗어나 새로운 몸으로 갈아입는다는 의미에서 그러하다. 몸은 옷과 같다. 세으뜸이 짓는 모양에 따라 그 모습이 아름다울 수도 있고 추악할 수도 있다. 그 모습이 어떠하건 간에 그 지음의 원인은 자기의 유전자에 따른 것이다. "나는 왜 이렇게 태어났을까?" 하고 자기의 외모나 병이나 외적 상황을 한탄한다고 해서 주어진 조건들을 변화시킬 수는 없다. 자기와 주변 사람들의 마음을 어둡게 하고 괴롭힐 뿐이다. 그것은 세으뜸의 성향에 어긋날 뿐 아니라 자기의 빛을 어둡게 하는 괴로움의 씨앗을 심는 것이니 이로 말미암아 자신과 후대에까지 어둠을 물려주게 되는 것이다.

마음이 운명을 만든다

　그리스 신화에 '나르시스(혹은 나르키소스)'라는 이가 있었다. 그는 강의 신 케피소스와 요정 레이리오페 사이에서 태어났는데 레이리오페는 나르시스를 낳았을 때 예언자 테이레시아스로부터 나르시스가 자기 자신의 모습을 보면 오래 살 수 없을 것이라는 예언을 듣는다. 나르시스의 미모에 반해서 요정 에코와 아메이니아스가 구애를 하였으나, 그들의 사랑을 거절했다. 에코는 사랑이 받아들여지지 않자 절망한 끝에 마침내 목소리만 남아 메아리가 되었고, 아메이니아스는 거절당하자 나르시스가 준 칼로 자살하고 말았다. 결국 그는 신들의 노여움을 사게 된다. 어느 날 나르시스는 사냥을 하다가 목이 말라 목을 축이려고 샘물을 마시다가, 샘물에 비친 아름다운 자신의 모습을 발견하고 그 모습을 사랑하게 되었다. 자기에 대한 이룰 수 없는 사랑을 갈망하다가 그는 물에 빠져 죽고 그 자리에 꽃이 피어났는데, 사람들은 그 꽃을 그의 이름을 따 수선화나르키소스라고 불렀다.

　이처럼 지나친 자기 집착은 자기 자신의 목숨까지 앗아가는 위험한 것일 뿐만 아니라 참다운 인간으로 성장하지 못하는 퇴행적 심리 상태를 유지하게 한다. 이것이 심리학에서 말하는 나르시시즘Narcissism인데 자기 자신의 모습을 사랑하는 '애착증' 또는 '자기애'라고 한다. 물에 비친 자신의 모습에 반하여 물에 빠져 죽은 그리스 신화 속의 미소년 나르시스와 연관 지어 독일의 정신과 의사 네케가 1899년에 만든 용어이다. 이것은 자신의 육체를 이성으로 느끼며 스스로의 육체에서 쾌감을 느끼는 것을 말한다.

이 말이 널리 알려지게 된 것은 정신 분석학자 프로이트가 이 용어를 정신 분석에 적용하면서부터이다. 프로이트는 이 말을 리비도^{성적 충동}가 자신의 육체를 향한 상태를 말할 때 사용했다. 즉, 사랑의 대상이 자신인 경우이다. 프로이트는 나르시시즘을 1차적 나르시시즘과 2차적 나르시시즘으로 구별했다. 정신 분석에 따르면 유아기에는 리비도가 자기 자신에게 쏠려 있다. 나와 남을 구별하지 못하는 유아기에 자기 자신에게만 관심을 기울이는 상태가 1차적 나르시시즘이다. 자라면서 리비도가 자연스럽게 자신을 떠나 외부의 대상(어머니나 이성)으로 향하게 되는데, 어떤 장애가 있어 남을 사랑할 수 없게 되어 다시 자기 자신을 사랑하는 유아기적 상태로 퇴행하는 것이 2차적 나르시시즘이다.

결국 자기와 자기 몸에의 집착이 병으로 이어지고 나를 괴롭힐 뿐만 아니라 함께하는 사람들을 괴롭히게 되는 것이니 이는 마음 안에서 자유롭지 못함이 그 일차적 원인이고, 그 자유롭지 못함이 채움과 맺힘을 낳아 아픔으로 돋아나는 것이다. 그러므로 몸은 결국 세으뜸의 조화로운 결합으로 이루어진 것이고 때가 되면 다시 세으뜸으로 돌아간다는 것을 마음으로 받아들인다면 몸에 대한 집착도 끊어질 것이고, 병도 아픔도 몸과 마음에서 물러날 것이다. 결국 세으뜸의 조화로운 움직임과 결합이 사람의 몸과 목숨을 살리는 것이다.

마음이 힘들면 꿈도 사납다

지그문트 프로이트Sigmund Freud는 꿈은 '마음의 형상'이라고 했다. 간혹 사람들 중에는 몸이 아프니까 꿈자리도 뒤숭숭하다고 하면서 꿈의 해몽解夢에 매달리는 경우가 있다. 그리고 여러 가지 경험적 사실들을 아전인수 격으로 갖다 붙여 제 나름대로 해석하는 우를 범하는 경우도 종종 있다. 이는 잘못된 것이다. 선인들의 해몽이 아무리 바르고 정확하다 할지라도 그것은 인간의 경험적 사실들의 집합이고, 있음 직한 개연성의 산물일 뿐이라 틀릴 수 있고 또 개별적인 꿈들 앞에서는 틀릴 수밖에 없다. 똑같은 돼지 꿈이더라도 어떤 사람에게는 재물이 들어오는 꿈일 수 있고, 어떤 이에게는 재물을 잃는 꿈일 수 있다. 그러므로 꿈을 바로 보는 눈과 노력과 정성이 필요한 것이다.

꿈은 우리 몸이 뇌에게 보내는 신호다. 그래서 괴로울 때는 괴로운 꿈을 꾸고, 즐거울 때는 즐거운 꿈을 꾸는 것이다. 괴로울 때의 마음과 즐거울 때의 마음을 알게 하여 그 마음 지음의 이치를 바로 보아 괴로운 마음은 버리고 즐거운 마음은 더욱 북돋우고자 함이다.

반대로 괴로운 일 가운데에 즐거운 꿈을 꾸게 되는 것은 괴로운 마음 속에 있을 때 닥쳐올 더 큰 괴로움을 염려하여 그 괴로움을 벗어나는 길과 함께 즐거움이 곧 올 것임을 알려 줌이고, 즐거운 가운데에도 괴로운 꿈을 꾸는 것은 마음의 즐거움을 탐닉하다 보면 그를 시기하는 괴로움이 닥칠 수 있다는 것을 염려해야 함을 알려주는 것이다.

사람이 꾸는 꿈은 대개 다섯 가지로 나눌 수 있다. 이렇게 꿈을 나누는 이유는 꿈이라고 해서 다 같은 꿈이 아니기 때문이다.

첫 번째는 영몽靈夢이다. 영몽은 나름으로 믿는 하느님 또는 부처나 신선, 산신령이나 선녀, 조상이나 역사 인물 등의 모습으로 나타나기도 하고 도道를 닦는 사람, 공功을 드리고 기도하는 사람, 무언가에 지극한 정성을 들이는 사람, 극길극흉極吉極凶에 임한 사람들에게 나타나는데 이는 자기 내면의 잠재된 예지력으로 나타나는 현상이다.

두 번째는 정몽正夢인데 이는 순수한 꿈이다. 즉, 보고 듣고 느끼거나 마음먹고 계획하고 생각한 바가 없는데도 돌연히 현몽되는 것으로 깨고 나서 꿈의 내용이 생생하게 기억되는 꿈이다.

세 번째는 심몽心夢인데 자기가 평상시에 마음먹었던 일, 느꼈던 일, 마음속으로 간직하고 생각하였던 일이 꿈에 재생되는 경우이다.

네 번째는 허몽虛夢이다. 이는 정신적으로 육체적으로 매우 허약한 상태에 있을 때 나타나는데 귀신이나 괴물에게 쫓긴다거나 몸이 수렁으로 빠져드는 따위의 꿈이다. 현실의 육체 건강, 정신 건강 상태와 연결되어 나타나는 꿈이다.

다섯 번째는 잡몽雜夢이다. 꿈을 꾸고도 기억이 또렷하지 않고 무엇인가 정리되지 않는 어수선한 꿈을 말하는데 이는 심신이 안돈되어 있지 못할 때 종잡을 수 없는 변화를 가지면서 나타나게 된다.

이와 같이 꿈은 여러 가지로 분류될 수 있지만 단정적으로 구분하여 좋은 꿈이냐 나쁜 꿈이냐를 알고자 함은 매우 잘못된 것이다. 따라서 위와 같은 꿈들을 통하여 스트레스와 괴로움을 만드는 부정, 미움, 복수, 증오의 마음을 버리고 긍정, 사랑, 이타, 공익적 사고로 화분에 물을 주는 마음가짐과 행위로 세으뜸의 본성에 따라 움직여야 할 것이다.

스트레스(Stress)는 모든 병의 시작이다

윤혁경 尹赫敬
고려대명강사최고위 21기
수석남성회장

Mobile
010-3754-9554

Email
younhk5312@naver.com

학력 및 경력 사항
- 서울시립대학교 공학석사
- [전] 대통령직속 국가건축정책위원회 위원/국토교통부 중앙건축위원
- [현] 스페이스 소울 건축사사무소 대표이사
- [현] 행복한 가정학교 교장

강의 분야
- 서로 다름에 대한 이해/사랑의 5가지 언어
- 남녀차이/부부 10계명
- 세상을 바꾼 20개의 사과 등
- 건축 관련 법률/재개발 재건축 사업 강의

수상 내역
- 홍조근정훈장/녹조근정훈장
- 국무총리표창/서울특별시장 표창
- (사) 한국도시설계학회 공로상/(사) 대한건축학회 특별상

저서
- 고려대 명강사 25시(공저): 100세까지, 행복한 부부로 살아남기
- 건축법 조례해설(기문당)/建築+法 바로 알기(기문당)
- 특별건축구역의 특별한 건축, 도시를 바꾸다(날마다) 외 다수

CHAPTER 9

100세까지,
행복한 부부로 살아남기

프롤로그 -
부부 생존 통계학

"작은 일에도 기뻐하고, 어떤 상황이더라도 감사하는 삶이 바로 하나님과 함께하는 것이다."

통계청 발표에 따르면, 2023년 기준 기대수명은 83.5세다. 운이 없으면 100세까지 살아야 한다. 만약 30세에 결혼한다면 한 사람과 70년을 함께 살아야 한다. 이것은 축복이 아니라 때로는 고난일 수도 있다. 설령, 새로운 가정을 꾸린다 해도 반드시 행복이 보장되는 것은 아니다. 한국여성정책연구원에 따르면, 재혼가정의 이혼율은 초혼가정보다 1.8배나 높다.

통계청 자료에 따르면, 우리나라에서는 매년 10만 쌍에서 11만 쌍이 이혼한다. 그중 20년 이상 함께 살다가 이혼하는 '황혼이혼'은 전체의 약 30%를 차지하며, 최근 20년간 약 4.5배나 증가했다. 이혼 사유를 살펴보면 경제적 문제, 가족 간 갈등, 외도 등의 원인도 있지만, 가장 큰 비중은 '성격 차이'로 전체의 45% 이상을 차지한다.

성격 차이의 미로,
왜 우리는 이렇게 다를까?

성격 차이란 사고방식, 감정 표현, 생활 습관, 가치관 등 서로 다른 요소들에서 비롯되는 오해와 갈등을 의미한다. 이 세상에 나와 똑같은 사람은 없다. 얼굴, 피부색, 외모, 말투, 가치관 등 모든 것이 다르다. 그런데도 우리는 종종 상대가 나와 같은 생각과 행동을 하리라고 기대한다. 이 기대는 착각이고, 착각은 오해를, 오해는 갈등을, 갈등은 싸움을 낳는다.

우리 부부는 신혼 초, 화장실 사용 문제로 자주 다퉜다. 아내는 치약을 중간부터 짜고, 나는 서서 소변을 보는 습관이 있었다. 치약을 아래부터 짜는 습관이 있던 나는 아내의 습관이 못마땅했고, 아내는 중간에서 짜든 끝에서 짜든 결국 다 쓰는 것인데 왜 문제를 삼느냐고 따졌다. 대신에 왜 서서 소변을 보면서 주변을 더럽히느냐, 앉아서 일을 봤으면 좋겠다는 아내의 부탁을, 남자의 자존심을 구기면서까지 앉아서 일을 볼 수 없다며 내가 거부한 탓에 오래 갈등이 지속되었다. 그렇게 티격태격 45년을 함께 살아오면서 그 버릇이 바뀔 만도 한데 여전히 변함 없다는 것이다. 달라진 것이 있다면 이 문제로 더 이상 다투지 않는다는 것이다.

나는 정리정돈을 중요하게 여기지만, 아내는 조금 느슨한 성격이다. 특히 욕실 바닥에 남은 물기에 대한 나의 민감함은 상상 이상이다. 신혼 초기에 화장실에서 미끄러져 갈비뼈에 금이 간 일 때문에 더 민감한 것인지도 모른다.

해결 방법은 아내가 먼저 화장실을 사용하면, 내가 나중에 사용하면서 물기도 제거하고, 중간에 눌러진 치약도 바로 정리하고 있다. 치약은 그다음 날 다시 중간이 눌러져 있긴 하지만, 문제 삼지 않기 때문에 문제가 안 된다.

"세 살 버릇 여든까지 간다."라는 속담처럼, 몸과 마음이 기억하는 행동과 말투, 기질과 성격, 가치관은 쉽게 바뀌지 않는다.

사람은 왜 서로 다를까? 다양한 이유가 있겠지만 크게 다섯 가지 정도로 정리해 볼 수 있다. 첫째는 성장한 지역의 문화 차이, 둘째는 태어난 세대의 가치관 차이, 셋째는 가풍이나 가문의 영향, 넷째는 성장한 가정의 경제 수준, 다섯째는 선천적 기질과 성격이다. 여기에 남녀 간의 차이까지 더해진다.

말투가 다른 우리, 지역이 만든 차이

최근 넷플릭스 드라마 〈폭싹 속았수다〉를 보며 '얼마나 속았다는 거지?' 했는데, 알고 보니 '정말 수고했어요'라는 의미의 제주 방언이었다. 경상도에서는 '마, 진짜 고생했다 아이가', 전라도는 '겁나 수고했재~', 충청도에서는 '어이구야, 수고혔슈~'라고 표현한다. 말이 다르면 오해도 생기기 마련이다. 사투리, 방언, 언어 습관까지 이해하는 건 단순한 노력만으로는 어렵다.

나는 경남 창녕군 영산에서 태어났다. 일제강점기, 내 고향에서도 3.1 만세운동이 있었고, 24명의 청년들이 주도했다. 그들은 이웃 마을로 도망쳤지만, 문을 열어주지 않아 모두 체포되었다고 한다. 그로 인해 우리 마을 사람들은 이웃 마을 사람들과 오랫동안 말을 섞지 않았다. 우리나라 사람들이 일본을 싫어하는 그 이유처럼 말이다. 수십 년 전의 사건, 지금 사람들과는 아무 관계가 없지만, 누가 시켜서 그런 것도 아니지만, 사람으로 인정하지 않으려는 것은 무섭다. 우리의 이런 지역색은 한 사람의 생각과 태도에 큰 영향을 미친다.

세대 차이 백서,
라떼는 말이야~

나는 1953년생으로, 6.25 전쟁 직후 태어나 부족한 시절을 보냈다. 당시 인사말은 '진지 잡수셨어요?'였다. 하루 3끼를 다 먹을 수 있었던 가정이 드물었기 때문이다. 70년대 80년대에는 '밤새 안녕하셨어요?'라는 말이 일반적이었다. 자고 나면 대형사고가 지면을 장식하고, 교통사고를 비롯하여 크고 작은 안전사고가 빈발했기 때문에 무탈한지를 인사말로 사용할 수밖에 없었을 것이다. 요즘 MZ세대는 'ㅎㅇ(하이)', '욜로', '오하요'라고 인사한다. 베이비붐 세대, X세대, 밀레니얼(M)세대, Z세대, 알파세대가 공존하기 위해서는 외계인의 언어를 배운다는 마음가짐이 필요하다.

나는 8남매 중 일곱째로 자라며 질서, 순종, 양보, 배려를 배웠다. 대가족으로 살아가기 위해선 반드시 필요한 덕목이었기 때문이다. 유교문화가 오랫동안 지배하던 시절에는 어른을 공경하지 않으면 상놈 소리를 들었다.

반면, 오늘날의 자녀들은 소공자, 소공주로 자라며 개인주의적 이기

주의적 성향이 강하다. 독불장군식이다. 마음에 들지 않으면 당당하게 소신을 밝힌다. X세대가 눈살을 찌푸리든 말든 그들은 당당하다. 퇴근 시간 6시 땡 하면 뒤돌아보지 않고 나가는 MZ세대와, '라떼는 말이야'로 시작하는 X세대는 서로를 꼰대, 버릇없는 세대로 본다. 함께 어울려 살아가기 위해서는 서로의 문화를 인정하고 존중하는 자세가 중요하다.

집안 DNA,
가풍도 유전된다

　미국의 43대 대통령 조지 W. 부시는 아버지가 대통령, 할아버지가 상원의원이었고, 마피아 가문으로 알려진 감비노 가문도 대를 이어 조직을 유지해 왔다. 삼성가 이병철 회장의 가문을 보면 대부분의 가족들이 경제계에서 활동하고 있으며, 연예인 황해(본명 전홍구)의 가계도 또한 그러하다. '봄날은 간다'를 부른 백설희가 아내이고, 가수 겸 탤런트인 전영록이 아들이다. 또한 아들인 전영록은 같은 탤런트인 이미영과 결혼해 두 딸을 두었는데, 그들도 연예계에서 활동 중인 것을 보면 피는 못 속이는 것 같다. 과학자 집안에는 과학자가, 문학인의 집안에는 문학인이 많은 것처럼 가업과 가풍은 성장기는 물론 인생 전반에 걸쳐 중요한 영향력을 끼치는 것을 알 수 있다.

　나는 노래 부르는 걸 싫어한다. 선천적인 음치, 박치, 몸치에 더해, 아버지의 술주정과 가정 폭력으로 인해 즐거운 분위기를 경험하지 못했기 때문이다. 유년기의 영향은 음악 시험 점수에도 그대로 드러나 80점을 넘긴 적이 없다. 나는 웃음기가 적은 얼굴 덕에 자주 오해를 산다. 웃기는 프로그램을 봐도 무덤덤하고, 억지로 미소 짓는 일도 어렵다. 역기능 가정에서 성장한 탓이다. 대신 아내는 작은 일에도 감동하고, 사소한 일에도 잘 웃는다. 미래에 대해 긍정보다는 부정적인 생각을 주로 하는 나와 달리 아내는 매사 낙관적인 생각으로 염려 걱정을 하지 않는 편이다. 표현력이 부족한 나는 속으로만 끙끙 앓지만, 아내는 그런 남편을 이해하기 어렵다고 한다.

신혼 초기에는 입맛을 맞추는 일로 갈등하는 경우가 많다. 서로 다른 부모의 손맛에 길들여졌기 때문이다. 나는 짭짤한 맛을 좋아하지만, 아내는 약간 심심하게 만들기 때문에 간장이나 소금으로 매번 간을 맞추어야 했다. 나는 채식을 좋아하지만, 아내는 일주일에 최소 2번 이상 고기를 먹지 않으면 짜증을 낸다. 아내의 손맛은 영락없이 장모님으로부터 물려받은 손맛이다. 우리 집 맛과 달라도 너무 다른 맛이다. 결혼한 지 한 달도 안 되어서 일어난 사건인데, 아침 먹으면서 "국에 마늘을 조금 더 들어갔으면 좋을 텐데!"라고만 했는데, 아내는 아무 말 없이 밥상을 들고 나가버리는 것이 아닌가. 부엌 한 구석에서 훌쩍거리는 아내를 본 그 트라우마(?) 때문인지, 그 이후부터 지금까지 아내의 음식 맛에 이렇다 저렇다 한 번도 평가하지 않았다. 45년이 지난 지금, 아내의 손맛은 수준급(?)이다. 아내의 손맛에 길들여진 탓일 수도 있겠지만, 일취월장한 것은 분명하다.

지갑 속 자란 기억,
돈에 대한 감각

나는 시골 가난한 집안에서 자라, 쌀밥을 먹어 본 기억이 별로 없다. 겨우 생일, 제삿날, 명절에만 쌀밥을 먹었는데 그것도 양껏 먹지 못했다. 가난은 보리밥 세끼도 편하게 먹기 힘들게 했다. 그래서 보리밥은 싫다. 남들은 건강식이라고 하지만, 생각조차 하기 싫다.

중학생까지 새 옷을 입어본 적이 한 번도 없다. 대부분 물려받은 것이었다. 명절에도 양말 한 번 새것을 신어 본 적이 없다. 가난도 그런 가난이 없었다. 그런 기억 때문에 나는 실밥이 풀어지거나 작은 구멍만 나더라도 그냥 버린다. 아마도 트라우마로 남은 것 같다. 대신 아내는 나보다 풍족한 생활을 한 것인지 나처럼 아픈 기억은 별로 없는 것 같다.

큰딸이 결혼 후 명동에서 5만 원짜리 머리핀을 샀다는 이유로 사위와 다퉜다. 5천 원짜리도 좋은데, 자린고비로 자란 사위에겐 낭비처럼 보였던 것 같다. 나는 딸 바보 아빠여서 딸이 원하는 것은 거절한 적이 없었다. 그러니 딸에게 5만 원은 큰돈이 아니었을 것이다.

우동 한 그릇에도 행복을 누리는 사람이 있는 반면, 최고급 요리에도 만족하지 못하는 사람도 있다. 돈에 대한 인식과 소비패턴 등 차이가 있을 수밖에 없는데, 그 격차가 너무 큰 집안끼리의 혼인은 조금 신중할 필요가 있을 것 같다.

MBTI보다
더 복잡한 우리

MBTI 성향에 따르면 나는 INTJ, 아내는 ENFP다. 극과 극이다. 나는 계획형, 아내는 즉흥형이다. 신혼 초엔 갈등이 많았지만, 지금은 서로의 성향을 이해하며 산다.

아내는 나와 달리 운동을 좋아한다. 아내의 남편 자랑은 유별나다. 그래서 골프친구들은 남편 얼굴 보기를 원해서 같이 가기를 강요(?)당하지만, 나는 단호히 거절한다. 그런 자리가 어색하고 부담스럽기 때문이다. 나는 혼자 있는 것을 좋아하는 은둔 외톨이 형이다. 조용히 쉬면서 에너지를 충전하는 타입이다.

아내는 그날그날 주어진 상황을 즐기는 타입인데, 나는 일 년의 목표, 한 달의 목표, 그날의 목표를 세워가며 사는 사람이다. 처음에는 아내의 그런 모습이 불만스러웠지만, 지금은 그렇지 않다. 오히려 숨 쉴 수 없을 만큼 꽉 짜인 일정에 매달려 살아온 내 인생이 조금은 불행한 것이 아닌가 의심이 든다.

아내는 사람들을 끌어모으는 놀라운 능력의 소유자다. 사람들이 아내를 잘 따르는 것 같다. 친구들 간 갈등이 있을 때도 중간에서 해결사 역할을 척척 잘한다. 반면에 나는 사람 사귀는 일이 무척 힘이 든다. 그래서 친구도 많지 않다. 대신 깊이 사귀는 편이고, 한 번 신뢰하면 끝까지 가는 경향이다.

나는 일을 혼자 결정하는 스타일이고, 아내는 그런 나를 못마땅해한다. 수십 년이 지난 지금껏 그 버릇을 고치지 못했다. 그럼에도 불구하고 아내는 그 일로 더 이상 내게 뭐라고 하지 않는다. 익숙해진 탓도 있겠지만, 변하지 않는 나에 대한 포기였을 수도 있다.

사랑을 이해하는
수준의 차이

'사랑'에 대한 이해도는 사람마다 다르다. 게리 채프먼Gary Chapman의 '사랑의 5가지 언어'에서 ① 인정하는 말, ② 함께하는 시간, ③ 선물, ④ 봉사, ⑤ 스킨십으로 구분하고 있는데, 사람에 따라서는 또 다른 것으로 이해할 수도 있을 것이다.

나는 신혼 초에 부부 사이가 서먹해지는 일이 생길 때마다 스킨십이나 선물로 해결하려고 했었는데, 결과는 썩 좋지 않았던 것 같다. 나중에 알고 보니 아내는 스킨십이나 선물이 아닌 자신에 대한 존중과 배려가 더 중요했다고 했다.

나의 사랑의 언어는 인정하는 말이다. 칭찬과 격려로 힘을 얻기 때문이다. 출근하는 아침마다 아내는 허깅을 하면서 "너무 잘 생겼다.", "오늘도 파이팅!", "당신을 믿어요!" 격려해 주곤 했다. 그럴 때마다 살맛이 났다. 지금은 그 빈도가 줄었지만, 여전히 마음은 남아 있다.

화성 남자와
금성 여자

　남자와 여자는 이해하기 어려운 관계다. 오죽하면 화성과 금성에서 온 사람들이라 했을까. 개와 고양이처럼 전혀 다른 종족이다. 개는 반가우면 꼬리를 흔들고 깡충깡충 뛰어다니지만, 고양이는 조용히 다가와 슬쩍 몸을 부딪히거나 무심한 척한다. 개는 주인 중심으로 행동하지만, 고양이는 자기중심으로 행동하는 것처럼 남자와 여자도 사용하는 언어, 표현방법, 관심 분야도 다르다. 달라도 너무 다르다.

　나는 하루의 일도 아주 짧게 결론 중심으로 요약하는 능력의 소유자다. 아내는 이야기를 길게 아주 길게 풀어가는 모습이 마치 변사처럼 보였다.

　나는 물건 찾는 일이 어렵다. 냉장고 둘째 칸에 있다는 우유가 셋째 칸에 있어도 못 찾는다. 양말과 내복은 물론 여러 종류가 섞여 있을 경우 바보처럼 못 찾는다. 바보 같다. 아내는 자기가 둔 물건의 위치를 정확히 안다. 그뿐만 아니라 가족들의 생일과 기념일, 집안의 경조사 등 어떻게 그렇게 잘 기억하고 있는지, 신기하다. 나도 다른 남자들과 마찬

가지로 기억하고 싶은 것만 기억하는 기억편향적인 사람이다. 보통의 여자들은 기억하지 못하는 것이 없을 정도까지도 기억한다. 기억창고에서 필요할 때마다 꺼내서 레코드판처럼 트는 것이 문제이긴 하지만, 그래도 그 기억창고가 부러울 때도 있다.

나는 한 번에 한 가지만 할 수 있다. 아내는 여러 가지를 동시에 할 수 있는 멀티플레이어다. TV 시청 중 전화가 오면 나는 TV 볼륨을 낮추거나 밖에 나가서 통화하지만, 아내는 드라마 시청은 물론, 부엌에서 끓고 있는 된장찌개까지 관찰하면서 할 말을 한다는 점이 많이 다르다.

나는 양복 한 벌 사는 데 10분이면 된다. 아내는 2시간 넘게 걸린다. 정말 물건을 사기 위해서라기보다, 아이 쇼핑을 즐기는 것 같다. 처음엔 성질도 나고, 짜증도 냈지만, 지금은 해결 방법을 찾았다. 백화점까지는 동행하지만, 아내의 쇼핑이 끝날 때까지 가까운 휴게실에서 게임을 즐기며 시간을 보내는 것으로.

옷장엔 아내 옷이 훨씬 더 많다. 아내는 옷장을 열 때마다 입을 옷이 없다고 투덜댄다. 계절에 따라, 만나는 사람에 따라, 모임 장소에 따라, 시간대에 따라 입는 옷이 다르다고 생각하는 것 같다. 나는 양복 한 벌로 일주일을 입고 다닌다. 구두 한 켤레를 떨어질 때까지 신는다. 그래도 아무 문제가 없다, 나의 경우는.

아내와의 대화는 참 어렵다. 미분방정식 풀듯이 복잡하고 힘들다. 정확한 의도를 파악하기 위해 되물어서 확인해야 한다. 말뜻이 명확하지 않으면 오해가 생기고, 갈등까지 이어지기도 하기 때문이다. 아내는 직설적인 표현을 잘 못한다. 에둘러 말하기 때문에 재확인이 필요하다.

남자에게 무슨 일을 부탁하려면 손에 꼭 집어 주어야 한다. 가령, 남편에게 집 청소를 부탁하면, 남편은 그때부터 무엇을 어떻게 해야 할지 멘붕에 빠진다. "청소기로 한 번 밀고, 물걸레질을 해주면 좋겠다. 끝난 후 쓰레기 분리수거도 부탁해!"라고 목표와 방법을 정확하게 주어야 한다. 기억력 없는 남편에게 기념일을 잘 챙기기를 바라는 것은 어리석다. 그래서 달력에 생일, 결혼기념일, 제삿날 등을 눈에 띄도록 크게 표시해 두는 것을 권장한다.

남자는 여자보다 훨씬 적은 단어를 사용한다고 한다. 그래서 여자가 말이 많은 것인지도 모른다. 밖에서 이미 소진하고 온 남편에게 여자가 못다 한 이야기를 시작하는 순간 남자들은 머리 뚜껑이 열리기도 한다. 아무리 좋은 말도 잔소리로 들리면 아무 효과가 없다. 남편에게 중요한 이야기를 하려면, 특히 어려운 부탁을 하려면 배가 고픈 상태에서 하면 안 된다. 배가 고프면 혈당이 떨어지고 코르티솔이라는 스트레스 호르몬이 증가해서 짜증이 올라온다고 한다. 지혜로운 아내는 남편의 입맛을 돋우는 풍성한 밥상을 먼저 차릴 것이다.

에필로그:
끝까지 썸 타는 100년 프로젝트

우리는 서로 다른 존재다. 언어, 행동, 습관, 사고방식이 모두 다르다. 이 다름을 인정하는 것에서 관계의 지혜는 시작된다. 차이를 틀림이라 생각하면 고치려 들고, 그러다 갈등이 생긴다.

요즘 들어 70 넘은 아내가 가끔 부담스럽다. 나를 보면 "가슴이 두근거린다."라며 소녀처럼 말한다. 아내는 다시 태어나도 나와 결혼할 거라 말한다. 나도 같은 말을 하지만, 그 약속은 현실에서만 유효하다.

2024년 나우앤서베이 조사에 따르면, 기혼 남녀 500명 중 다시 태어나도 같은 배우자와 결혼하겠다는 응답은 37%에 불과했다. 남자는 43.7%, 여자는 27%였다.

100세 시대, 함께하기로 약속했다면 시도해볼 필요가 있다. '우리, 끝까지 썸 타는 100년 프로젝트'를 지금 이 순간부터 다시 시작해보자.

이진숙
**고려대명강사최고위 21기
윤리위원장**

Mobile
010-5663-2318

Email
n79200035@naver.com

학력 및 경력 사항
- 온석대학원대학교 상담학 박사(Ph.D)
- 한경대학교 사회복지학 석사
- 전 농협중앙회 경기지역본부 차장
- 전 농협중앙회 군포시 농정지원단 단장
- 전 농협중앙회 광주시 농정지원단 단장

강의 분야
- 상담학, CGRT자아발견상담전문가 양성
- 인간관계와 의사소통, 행복 심리 등

자격 사항
- 평생교육사(교육부장관), 사회복지사 2급(보건복지부장관), 심리상담전문가
- 노인교육강사자격 1급, 명강의명강사 1급, 평생교육강사자격 1급
- CGRT자아발견상담 전문강사

수상 내역
- 농림부장관·표장, 경기도지사 표창, 경기도의회의장 표창,
- 농협중앙회장 표창 외 다수

저서
- 고려대 명강사 25시(공저)
- 학위논문(박사)

CHAPTER 10

말 안 해도 알아준다는 착각 – 관계가 어긋나는 순간들

프롤로그

우리는 '말하지 않아도 아는 사이'에 대한 로망을 갖고 살아간다. 하지만 실제 관계에서 말하지 않으면 전해지지 않고, 표현하지 않으면 오해만 깊어진다. 특히 가까운 사이일수록 더 많은 오해와 기대가 교차하며, 진심은 침묵 속에 묻혀버리기 쉽다.

상담학을 공부하면서 가장 깊이 느낀 건, 관계는 감정과 기술이 함께 작동해야 유지된다는 사실이다. 아무리 마음이 따뜻해도 그 마음을 전달하는 방법이 서툴면 오해로 되돌아온다. 반대로 조금 서툰 감정도 진심을 담은 방식으로 전하면 충분히 관계를 회복할 수 있다.

이 글은 '진심을 어떻게 말할 수 있을까?', '오해를 줄이고 관계를 지키기 위해 어떤 기술이 필요할까?'라는 질문에서 출발한다. 관계는 자연스럽게 유지되는 것이 아니라 의도적으로 돌보고 가꾸는 것이다. 우리가 마주하는 인간관계의 다양한 순간들 속에서 소통의 감각을 조금씩 키워갈 수 있기를 바란다. 이 글이 그 여정에 작은 나침반이 되기를 바라며…

'말하지 않아도 통하는 사이'는 없다

침묵은 오해를 부른다

"말 안 해도 알잖아."라는 기대는 자주 실망으로 돌아온다. 우리는 종종 가까운 사이일수록 감정을 굳이 표현하지 않아도 이해받기를 원한다. 그러나 침묵은 명확한 메시지가 아니며, 오히려 상대에게 혼란을 줄 수 있다. 상대는 무표정이나 짧은 반응에서 당신의 감정을 정확히 읽지 못하고 엉뚱한 해석을 하게 된다. 결국 말하지 않은 감정은 공백으로 남고 그 사이로 오해가 자란다. '알아서 알아주겠지.'라는 기대는 관계에 부담을 주고 누적된 감정은 예기치 않은 갈등으로 터진다.

중요한 감정일수록 정확히 말로 풀어내는 연습이 필요하다. "서운해."라는 말 한마디가 관계를 지키는 실마리가 될 수 있다. 침묵은 배려처럼 보일 수 있지만 진정한 배려는 솔직한 대화에서 비롯된다. 표현하지 않으면 이해받을 기회도 없다. 건강한 관계는 솔직함을 기반으로 쌓인다.

말투 하나로 분위기가 갈린다

말의 내용보다 먼저 와닿는 것이 있다. 바로 말투다. 아무리 좋은 말이라도 무심하거나 냉소적인 말투로 전달되면 상처가 되고, 평범한 말도 따뜻한 말투를 통해 위로가 된다. 말투는 말의 표면을 감싸는 정서적 포장지와 같다. 그 포장이 딱딱하고 날카롭다면 그 안의 내용조차도 거부감을 준다. 억양, 속도, 목소리 톤은 상대가 감정을 해석하는 주요 단서다.

실제로 많은 오해는 말의 내용보다 말투 때문에 생긴다. "알겠어."라는 말도 짜증 섞인 말투로 들리면 강요처럼 느껴지고 미소와 함께 말하면 공감으로 전달된다. 말투는 내가 상대를 대하는 태도이자 감정의 신호다. 내가 무심코 던진 말이 누군가에겐 오랜 시간 기억에 남는 상처가 될 수도 있다. 관계를 지키고 싶다면 말의 내용만큼 말투를 점검하는 습관이 필요하다.

가까울수록 더 말해야 한다

가까운 사람일수록 말하지 않아도 이해해 줄 것이라는 기대가 크다. 연인, 가족, 오랜 친구와의 관계에서는 말보다 눈치나 분위기에 의존하는 경우가 많다. 그러나 친밀함은 상대방의 마음을 읽는 능력을 보장하지 않는다. 오히려 설명을 생략하고 감정을 숨기며 쌓이는 오해가 더 깊은 상처를 남기기도 한다. 친하다는 이유로 생략된 말들은 종종 단절의 시작이 된다. "그 정도는 알 줄 알았어."라는 말속에는 기대와 실망이 함께 담겨 있고, 이는 관계에 금을 만든다.

가까운 사이일수록 작은 서운함이 오래간다. 그러니 더 자주, 더 정확하게 말해야 한다. 상대가 나를 잘 안다고 믿기보다 지금의 나를 다시 설명할 수 있어야 한다. "요즘 이런 기분이야.", "그때 그 말이 마음에 남았어." 같은 솔직한 표현은 관계를 깊게 만들고 신뢰를 회복시킨다. 진짜 친밀함은 말하지 않아도 되는 사이가 아니라 말할 수 있는 용기를 주는 사이에서 생겨난다.

석사 동문들과 페루 여행에서

'진심'은
왜 자꾸 엇갈릴까?

내 의도와 상대의 해석은 다르다

"그렇게 받아들일 줄 몰랐어." 이 말은 의사소통에서 흔히 등장하는 후회의 표현이다. 우리는 때때로 좋은 의도로 말을 건넸지만, 상대는 그 말을 상처나 비난으로 받아들인다. 같은 말도 맥락과 듣는 사람의 경험에 따라 전혀 다르게 해석된다. 말하는 사람은 자신의 의도만 알 뿐 그것이 어떻게 받아들여질지는 통제할 수 없다.

따라서 중요한 말일수록 어떻게 들릴지를 고려해 조심스럽게 전달해야 한다. 감정을 실어 구체적으로 표현하고 확인하는 질문을 덧붙이는 것이 효과적이다. 의도는 설명되어야 한다. "그 말의 뜻은 이런 거였어."라는 작은 설명이 오해를 막고 진심을 더 잘 전하게 만든다. 진정한 소통은 말하는 것보다 전달되는 것에 중심을 둬야 한다.

조언은 왜 상처가 될까?

"나는 그냥 도와주고 싶었던 건데." 조언은 도움의 말처럼 보이지만 상대에게 상처가 되는 경우도 많다. 이는 상대가 준비되지 않았을 때 혹은 공감이 없는 상태에서 조언이 던져졌을 때 더욱 그러하다. 조언은 자칫 위에서 내려다보는 시선처럼 느껴질 수 있다. 상대는 '내가 부족하다고 생각하나?'라는 감정을 가질 수 있고, 이는 방어적 반응으로 이어진다. 특히 상대가 원하는 것은 해결책이 아니라 이해받는 감정일 때 조언은 불필요하거나 과한 개입처럼 느껴진다. 조언 전에 묻자, "내가 한 가지 의견을 말해도 될까?" 상대가 받아들일 준비가 되었는지 확인하는 것부터가 진짜 배려다. 조언은 타이밍과 방식에 따라 위로가 될 수도, 부담이 될 수도 있다.

불편한 감정을 숨기지 않는 연습

불편한 감정을 감추는 사람은 많다. 괜히 예민해 보일까 혹은 분위기를 깰까 걱정되기 때문이다. 그러나 억눌린 감정은 사라지지 않고 언젠가 왜곡된 형태로 드러난다. 가까운 관계일수록 그 결과는 더 치명적이다. 감정을 표현하지 않으면 상대는 알지 못하고 누적된 감정은 곧 거리감으로 바뀐다. 그렇다고 모든 감정을 날 것처럼 쏟아내라는 뜻은 아니다.

중요한 것은 정확하게 그리고 존중하며 말하는 연습이다. "나는 그 말이 좀 서운했어." 이처럼 나의 감정을 차분히 전달하면 상대도 방어보다는 이해 쪽에 가까워진다. 감정을 말로 표현하는 것은 관계를 깨는 것이 아니라 지키는 첫걸음이다.

들어주는 척 말고
진짜 들어주는 법

'그럴 수 있지'는 공감이다

고민을 털어놓았을 때 자주 듣는 말 중 하나가 "그럴 수 있지."다. 겉보기엔 공감처럼 들리지만 사실, 이 말은 감정을 가볍게 넘기는 표현일 수 있다. 공감은 듣는 사람이 얼마나 상대의 감정을 '느끼려 했는가?'에 달려 있다. 빠르게 위로하려는 말보다 함께 감정에 머물러주는 태도가 훨씬 깊은 연결을 만든다. 상담학에서는 이런 반응을 '표면적 공감'이라 한다.

진짜 공감은 판단이나 조언 없이 있는 그대로의 감정을 인정하고 받아들이는 데 있다. "그 상황이면 정말 힘들겠다."라는 말은 상대가 이해받고 있다고 느끼게 만든다. 공감은 기술보다 자세다. 내 기준이 아니라 상대의 경험에 집중하는 연습이 필요하다. 그렇게 우리는 말이 아닌 마음으로 관계를 이어간다.

질문으로 감정을 열어주는 기술

"무슨 일이 있었는지 말해줘도 괜찮아." 이 한마디가 때로는 긴 침묵을 깨고 마음을 열게 한다. 질문은 단순한 호기심이 아니라 관심과 연결의 표현이다. 누군가의 이야기를 듣고 싶다면 진심은 적절한 질문을 통해 조심스럽게 전달된다.

상담학에서는 개방형 질문이 감정 표현을 유도하는 데 효과적이라고 말한다. "왜 그랬어?"보다는 "그때 어떤 마음이 들었어?"처럼 구체적 감정에 접근하는 질문이 상대를 더 편하게 만든다. 이는 상대가 자신의 내면을 스스로 들여다보도록 돕는 역할도 한다. 질문은 정답을 기대하기보다 상대가 스스로 감정을 말할 수 있는 여지를 만들어 줘야 한다. 너무 날카롭거나 단정적인 질문은 방어를 유도하지만 부드럽고 열린 질문은 신뢰를 만든다. 중요한 것은 질문 뒤에 이어질 경청과 수용의 자세다. 말보다 질문이 먼저일 때 우리는 상대의 마음 가까이에 닿을 수 있다. 감정을 묻는 말은 마음을 여는 대화의 열쇠다.

경청에도 기술이 있다

누군가의 말을 잘 듣는다는 것은 단순히 침묵하거나 고개를 끄덕이는 것이 아니다. 진짜 경청은 마음으로 듣는 태도이며 상대의 말 이면에 숨겨진 감정과 욕구까지 함께 읽어내려는 의지다. 많은 사람이 듣는 척하지만 실제로는 자신의 반응을 준비하느라 상대의 말을 놓치고 있다. 이는 상대의 말에 집중하며 비언어적 신호까지 관찰하고 반응을 통해 이해를 확인하는 과정을 포함한다. "그 말은 이렇게 느껴졌다는 거구나?" 같은 반영적 피드백은 상대에게 '진심으로 들어주고 있다.'라는 신뢰를 준다.

　경청은 공감의 출발점이다. 판단을 멈추고 조언을 유보하고 상대의 감정에 머물러주는 경청의 기술이야말로 관계를 이어주는 가장 단단한 끈이 된다.

농협 안성교육원 신임농정지원단장 교육

'좋은 사람'이 되는 걸
멈춰야 관계가 편해진다

계속 맞춰주는 사람이 되지 않으려면

"나는 늘 참고 넘기잖아." 이런 말 뒤에는 오랜 시간 쌓인 피로가 숨어 있다. 우리는 관계를 원활히 유지하고자 자신을 희생하며 맞추는 역할을 자처하곤 한다. 계속해서 자신만 참는 관계는 결국 감정의 불균형을 만들고 언젠가는 무너진다. 자신의 욕구를 억누르고 타인의 감정에만 반응하는 습관은 점점 자존감의 침식으로 이어진다. 처음에는 이해와 배려였던 태도가 시간이 갈수록 억압과 불만으로 변질되기 쉽다.

관계에서 자신을 지키기 위해선 '맞추기'보다 '조율하기'가 필요하다. 자신의 감정도 존중받아야 할 대상으로 여기고, 필요할 땐 솔직하게 표현하는 연습이 중요하다. 진짜 관계는 서로를 억누르지 않고 동등하게 서 있을 수 있을 때 비로소 건강하게 유지된다.

관계에도 거리 두기가 필요하다

가까운 관계일수록 모든 것을 함께해야 한다는 압박을 느끼는 경우가 많다. 그러나 건강한 관계는 밀착이 아닌 적절한 거리 유지에서 비롯된다. 거리란 단절이 아니라 각자의 공간과 감정을 지킬 수 있는 여지를 말한다. 경계가 없으면 타인의 감정에 쉽게 휘둘리고 자신의 욕구를 무시하게 된다. 반대로 경계가 지나치게 단단하면 소통이 단절되고 정서적 유대가 어려워진다.

적절한 경계를 세우기 위해선 '내가 힘들 때 거절할 수 있는 용기'와 '상대의 공간을 존중하는 태도'가 필요하다. 꼭 함께하지 않아도 서로의 자리를 지켜주는 방식으로 우리는 더 단단한 관계를 만들 수 있다. 거리가 있어야 관계는 숨을 쉰다.

감정노동을 줄이는 말 습관

"다 괜찮아요.", "문제 될 것이 없어요." 우리는 종종 이렇게 말하며 감정을 눌러 담는다. 특히 사회적 관계나 직장에서 '좋은 사람'처럼 보이기 위해 감정을 숨기고 친절을 유지하려 애쓴다. 그러나 이런 말 습관은 자신을 지치게 하고 결국 정서적 소진을 부른다. 상담학에서는 이를 '감정노동'이라고 부른다. 감정노동은 겉으로는 웃고 있지만 속으로는 불편한 감정을 억누르는 상태를 말한다. 이를 줄이기 위해선 자신의 감정을 정확히 인식하고 필요할 때는 조심스럽게 표현하는 말 습관이 필요하다. "지금은 조금 힘들어요.", "잠깐 생각할 시간이 필요해요." 이런 말은 단호하거나 예의 없게 들릴 수 있지만 오히려 감정의 소모를 줄이고 관계를 더 진솔하게 만든다. 나를 소모하지 않으면서도 연결하는 말하기, 그것이 감정노동에서 벗어나는 첫걸음이다.

자연스러운 관계는 만들어진다

편한 관계는 가장 큰 노력이 들어간다

진짜 편한 관계는 처음부터 자연스럽게 주어지는 것이 아니다. 오랜 시간 수많은 대화와 충돌을 거치며 서로를 이해한 끝에 만들어지는 결과다. 우리는 종종 누군가의 관계가 자연스럽지 않다고 느끼면 그 관계를 억지라고 생각하지만 사실, 모든 관계는 어느 정도의 의도적 노력이 필요하다.

상담학에서는 '관계 유지 기술'이 중요하다고 말한다. 이는 대화를 이어가고 또 갈등을 조율하고, 정기적으로 서로의 감정을 확인하는 행동을 포함한다. 특별한 말이나 거창한 행동이 아니라 일상에서 반복되는 사소한 교류들이 관계를 지탱하는 기둥이 된다. "잘 지냈어?", "요즘 어때?" 같은 간단한 말도 반복되면 관계의 루틴이 된다. 이 루틴은 신뢰를 만들고 불필요한 오해를 줄이며 관계를 더욱 편안하게 만든다. 편한 관계는 결국 함께하려는 의지와 작은 실천의 결과물이다.

갈등 없는 관계는 없다

많은 사람들이 갈등을 피하려고 애쓴다. 말다툼이나 충돌이 없는 관계가 이상적이라고 생각하지만, 사실 갈등은 관계의 자연스러운 일부다. 중요한 것은 갈등을 없애는 것이 아니라 어떻게 다루느냐이다. 상담학에서는 '건강한 갈등 해소 능력'이 관계의 질을 결정짓는 핵심 요소라고 본다. 갈등이 있을 때 서로의 입장을 경청하고 감정보다 사실을 중심으로 대화하며, 해결보다 이해에 초점을 맞추는 태도가 중요하다. '무엇이 옳은가?'보다 '무엇이 서로를 편하게 할 수 있을까?'를 묻는 것이 갈등의 본질이다. 갈등은 서로에 대해 더 깊이 알아갈 기회가 되기도 한다. 감춰졌던 감정이 드러나고 서로의 다름을 인정하는 과정에서 관계는 더 단단해진다. 갈등을 두려워하기보다 피하지 않고 마주하는 용기야말로 성숙한 관계의 증거다.

작은 대화가 큰 신뢰를 만든다

우리는 종종 중요한 말이나 깊은 대화가 관계를 유지한다고 믿지만 실은 일상적인 짧은 말들이 더 큰 역할을 한다. "오늘 날씨 좋네.", "점심 뭐 먹었어?" 같은 가벼운 말 한마디가 대화를 여는 시작점이 되고 이것이 꾸준히 반복되면 신뢰의 기반이 된다. 겉보기에는 큰 의미가 없어 보이는 일상 대화가 관계를 부드럽게 유지해 주는 윤활유 역할을 한다. 이런 대화는 긴장감을 낮추고 서로를 편하게 만들며 정서적 거리를 좁히는 데 효과적이다. 특별한 이야기를 나누지 않아도 된다. 중요한 건 지속적인 연결이다. 사소한 말이 쌓이면 어느 순간 더 깊은 이야기를 나눌 수 있는 신뢰가 형성된다. 결국 관계는 큰 말보다 작은 말들로 지켜진다.

가족여행 중 아들과 조카들

나의 이야기: 상담학을 만나다

어릴 적부터 친구들의 고민을 잘 들어주고 비밀을 지키는 사람으로 알려졌다. 친구들은 내게 고민을 털어놓고 "너랑 이야기하면 마음이 편해져."라고 말하곤 했다.

성인이 되어 막연히 심리상담사라는 직업에 관심을 가지게 되었다. 농협중앙회에서 39년 넘게 근무하면서 수많은 고객과 동료들과의 관계 속에서 때로는 갈등으로, 때로는 따뜻한 이해로 이어지는 다양한 소통의 경험을 했다. 그러던 중 사회복지학과 상담학을 공부하게 되었고, 이는 내 인생의 방향을 바꾸는 결정적 전환점이 되었다.

특히 경기지역본부 여성복지 팀에서 근무하면서 지역농협 담당자들이 상담 능력을 갖추는 것이 농업인 조합원과 지역사회에 얼마나 큰 가치를 줄 수 있는지 느끼게 되었다. 상담학은 나를 변화시켰고 치유했으며, 이제는 내가 다른 이들을 돕는 도구가 되었다. 상담학은 내 인생의 스승이라 할 수 있다.

갈등을 넘어선 사례

- 사례 1. "나는 네가 괜히 밉다."

서울의 한 지점에서 갓 승진한 여성 책임자와 갈등을 겪었다. "나는 네가 괜히 밉다."라는 말에 마음이 매우 좋지 않았다. 무시하려 해도 마음이 매우 힘들었고, 정신적으로도 지쳐갔다. 그때 본부의 선배님께 조언을 구했고 말씀대로 의연하게 행동하려고 애를 썼다.

몇 개월 뒤 그분은 내게 "내가 왜 그랬는지 모르겠다. 미안하다."라며 사과했고 우리는 직원들의 환호 속에 화해할 수 있었다. 지금도 감사하게 생각하는 그 선배님은 내 직장생활의 멘토이신 서민석 지점장이시다.

- 사례 2. "아하! 그래서 그랬구나!"

경기지역본부에서 나와 늘 어긋나던 한 남자 팀원이 있었다. 그는 성실한 직원으로 묵묵히 일은 잘했지만 나와는 대화가 잘 통하지 않았다. 그러던 중 CGRT 자아발견상담사 교육을 받으며 우리의 성격 DNA가 전혀 다르다는 것을 알게 되었다, "아하~ 그래서 그랬구나!!!" 하는 깨달음이 생겼고 상대를 이해하면서 대화의 문이 열렸다. 지금은 퇴임하신 그 당시 김도성 차장에게 그때 진심으로 미안했었고 또 감사했었다고 전하고 싶다.

에필로그

관계를 맺는다는 것은 결국 서로의 세계를 조심스럽게 탐색해 가는 일이다. 이 글을 통해 우리는 관계가 단순히 감정의 교류가 아닌 일종의 기술이라는 사실을 함께 나누었다. 말하는 법, 듣는 법, 거리를 두는 법, 다시 다가가는 법까지 모든 것이 연습으로 익혀야 할 기술이다.

요즘처럼 빠르게 흐르고 단절되기 쉬운 시대에 오히려 진심을 전달하는 일은 더 어렵다. 카톡의 줄임표 하나, 이모티콘 하나에도 감정이 담기고 오해가 쌓일 수 있다. 그럴수록 우리는 더 의식적으로 관계를 설계해야 한다. 감정은 솔직하게, 표현은 신중하게, 대화는 꾸준하게, 이 세 가지가 관계의 기반이 된다.

이제 당신의 차례다. 누구보다 이해받고 싶었고, 상처도 많았던 당신이 누군가에게는 관계의 기술을 실천하는 첫 사람이 되어보자. 완벽할 필요는 없다. 어색해도 괜찮다. 중요한 것은 시작하는 용기다. 이 글이 그 시작에 작은 응원이 되었기를 바란다.

<감사의 말>

　내가 39년이라는 긴 세월 동안 열심히 직장생활을 하고 공부를 할 수 있었던 것은 모든 것이 다 가족의 이해와 도움 덕분이다. 적극적으로 응원해 준 남편과 아들에게 매우 감사하다. 또한 농협이라는 큰 울타리 속에서 좋은 인연으로 만난 20년 지기 친구, 김흥식 명강사와 서로 진심 어린 응원을 보내며 격려와 지지를 통해 명강사가 되기 위한 고려대명강사최고위과정 21기를 함께하게 되어 고맙다. 그리고 도움 주신 조영순·이문재 운영 강사님께도 감사드리며, 특별히 이 과정을 알게 해 주시고 아낌없이 도움을 주신 서일정 총장님께 감사드린다.

이진의
고려대명강사최고위 21기
공저회장

Mobile
010-8899-5660
Email
lje1616@hanmail.net

학력 및 경력 사항
- 현) 이진악보출판사 대표
- 전) 학원 운영

강의 분야
- 노래 지도, 실버 체조

자격 사항
- 노래강사 1급
- 실버건강체조강사급
- 명강의명강사 1급
- 부모교육상담사 1급
- 기업교육강사 1급
- 평생교육강사 1급
- 노인교육강사 1급

수상 내역
- 동대문구 구청상
- 동대문구 구의회 의장상

저서
- 고려대 명강사 25시(공저): 트로트로 한잔할래?

CHAPTER 11

트로트로
한잔할래?

25년간 악보를 만들며 수천 곡의 인생을 마주했습니다.
노래는 시니어들의 웃음이고, 악보는 그 웃음을 지켜주는 기술입니다.
"맛있는 노래, 즐거운 악보"는 단순한 슬로건이 아니라 저희의 사명입니다.
이제는 트로트와 함께 시대의 감동까지 엮어냅니다.
이 책은 그 여정의 하이라이트, 〈미스터 트롯〉 시즌 1 이야기입니다.

프롤로그:
시대의 마음을 읽다

　25년의 세월 동안 악보 출판사를 운영하며, 수많은 음악 애호가들과 함께 걸어온 길을 돌아본다. 처음에는 학원을 운영하며 노래 강사로 활동했고, 현장에서 직접 호흡하며 음악이 지닌 힘을 체감했다. 특히 시니어들에게 음악이 주는 위로와 활력은 더욱 크게 다가왔다. 고독과 우울에 민감한 그들에게 노래는 삶의 활력이자 든든한 친구였다. 그래서 노래교실 교재에 집중하게 되었고, "맛있는 노래, 즐거운 악보"라는 슬로건을 내걸고 노래교실용 책자를 맞춤 제작하기 시작했다.

　이제 우리나라는 1,000만 명이 넘는 노인 인구 시대를 맞이하며, 케어 이코노미의 수요도 빠르게 증가하고 있다. 이러한 변화 속에서 이진악보는 전국의 노래 강사, 문화센터, 방송국, 공공기관, 복지관 등 다양한 현장에서 기쁨과 감동을 전하고 있다. 단순한 교재를 넘어 인생의 후반전을 더욱 가치 있게 만드는 회사로 성장하고 있다. 이 책에서는 노래교실에서 가장 사랑받는 〈미스터 트롯〉 시즌 1에 대한 이야기를 풀어보고자 한다.

〈미스터 트롯〉 시즌 1,
무대 뒤 진짜 이야기

　TV조선의 경연 프로그램 〈미스터 트롯〉 시즌 1은 단순한 오디션을 넘어, 참가자들의 진심과 인간미가 묻어나는 무대의 뒷이야기로 시청자들의 마음을 사로잡았다. 특히 TOP 7로 꼽힌 임영웅, 영탁, 이찬원, 정동원, 김희재, 김호중, 장민호는 각자의 사연과 개성으로 깊은 인상을 남겼다. 이들은 단순한 가수가 아니라, 각자의 삶과 이야기가 담긴 노래를 통해 사람들에게 위로와 감동을 전했다. 무대 뒤에서 그들이 겪었던 노력과 열정, 그리고 서로를 향한 진심 어린 응원은 시청자들에게 큰 울림을 주었다. 이번 글에서는 〈미스터 트롯〉 시즌 1의 주인공들이 어떻게 그 자리에 오르게 되었는지, 그리고 그들의 무대 뒤에서는 어떤 이야기가 있었는지를 살펴보려 한다. 이들이 전하는 감동과 메시지는 단순한 노래를 넘어, 우리 모두의 마음에 깊이 새겨질 것이다.

1. 임영웅 - 무명에서 국민 히어로가 되기까지
　임영웅은 〈어느 60대 노부부 이야기〉 무대 이후 조용히 눈물을 훔쳤다. 그 눈물은 단순한 감정의 분출이 아닌, 지난 무명 시절을 견뎌온 삶에 대한 고백이었다. 고시원 15만 원짜리 방에서 살며 매일 유튜브에 커버곡을 올리던 그는 "엄마의 자랑이 되고 싶다."라는 간절한 마음으로 노래를 불렀다. 경연 내내 그는 타고난 감성과 진정성으로 마스터와 시청자의 마음을 울렸고, 무대 위에서 '히어로'로 거듭났다. 이후 트로트계의 새로운 아이콘으로 떠오르며, 팬클럽 '영웅시대'가 자연스럽게 형성되었다. 그의 콘서트 티켓은 '효도 티켓'으로 불리며 부모 세대에게 인기 있는 선물로 자리 잡았다.

방송 이후에도 그는 팬들과 꾸준히 소통하며, 음악뿐 아니라 광고, 기부, 선행 등 다양한 분야에서 영향력을 확대해 나갔다. 그의 성공은 단순한 스타의 탄생이 아니라, 시대적 감성과 맞닿은 '국민 위로자'의 등장이었다. 2020년, 임영웅은 TV조선 〈미스터 트롯〉에서 우승하며 대중적인 인기를 얻게 되었고, 음원 차트와 유튜브 조회 수는 각각 1,000만 뷰를 넘겼다. 멜론에서의 스트리밍 수는 117억을 돌파했는데, 이는 대한민국 음악사에 길이 남을 중요한 기록으로 평가받고 있다.

그의 콘서트는 매번 매진을 기록하고 있으며, 팬클럽 '영웅시대'는 든든한 지원군으로 활동 중이다. 임영웅은 단순한 스타를 넘어 국민에게 위로와 감동을 전하는 존재로 자리매김하고 있다. 그의 성공은 끊임없는 노력과 진심 어린 음악이 많은 이들의 공감을 얻었기에 가능했다. 앞으로도 그의 행보는 대한민국 음악사에 길이 남을 기록으로 채워질 것이다.

2. 영탁 - 흥의 리더, 콘텐츠 메이커

영탁은 단지 가수 이상의 존재였다. 〈찐이야〉 무대에서 보여준 폭발적인 에너지와 중독성 강한 멜로디는 모두 그의 손에서 탄생했다. 촬영 중간중간 동료들을 웃게 하는 장난꾸러기였던 그는, 다리미판을 장구 삼아 연주한 '막걸리 드럼쇼'로 제작진까지 웃게 만들었다. 그는 곡을 만들고, 무대를 기획하고, 퍼포먼스를 설계하는 '엔터테이너'였다. 그의 유행어 〈니가 왜 거기서 나와〉, 〈막걸리 한잔〉은 전국 노래방을 장악하며 신드롬을 일으켰고, 그의 흥은 트로트라는 장르를 넘어 하나의 문화가 되었다. 영탁은 후배들에게 조언을 아끼지 않는 멘토였고, 누구보다도 열정적인 연습벌레였다. 무대 위 카리스마와 무대 밖 따뜻함이 공존하는 그는 무대를 넘어 사람들에게 에너지를 주는 존재였다.

3. 이찬원 - 트로트계의 모범생, 찬또배기의 반전 매력

이찬원은 어린 시절부터 트로트 경연에 출전하며 실력을 쌓은 모범생이었다. 하지만 그의 진짜 매력은 무대 밖에서 더욱 빛났다. 연습 중에도 "딱 한 곡만 더!"를 외치며 끝까지 노래를 놓지 않던 그는, 알고 보면 장난기 가득한 '웃음 제조기'였다. 방송국 식당에서는 그의 노래가 끊이지 않았고, 사람들은 그의 노래를 따라 부르며 하루를 즐겁게 보냈다.

팬들 사이에서는 '트로트 교과서'로 불리지만, 스태프들에겐 '찬또배기'라는 애칭으로 친근하게 다가갔다. 예능에서는 재치 있는 입담으로, 스포츠 중계에서는 유쾌한 해설로 다재다능한 매력을 보여줬다. 반듯한 이미지 뒤엔 모두를 웃게 하는 유쾌한 성격이 숨어 있었고, 그의 노래는 언제나 사람들의 마음을 사로잡았다.

그는 단순한 트로트 가수를 넘어 다방면에서 활약하는 '올 라운더'로 자리매김했다. 팬들과의 소통을 소중히 여기며 언제나 진심을 담아 노래했고, 그의 음악은 한국인의 정서를 반영하며 유쾌하고 따뜻한 분위기를 전했다. 이찬원의 노래는 단순한 멜로디가 아닌, 우리의 삶과 감정을 담은 이야기였다.

그의 무대는 항상 큰 환호와 박수로 마무리되었고, 인기는 날로 높아졌다. 끝없는 열정과 노력은 많은 사람들에게 영감을 주며, 트로트 음악의 저변을 넓히는 데 기여하고 있다. 이찬원은 단순한 트로트 가수를 넘어, 한국인의 정서를 담은 유쾌하고 신나는 아티스트로 자리매김하고 있다.

4. 정동원 - 막내의 무대, 어른들의 마음을 울리다

정동원은 〈희망가〉를 부르기 전날, 할아버지의 장례식을 치렀다. 무대 위에서 울먹이며 노래를 부르던 그의 모습은 많은 이들의 마음을 울렸다. 무대 밖에서는 장난기 많고 형들에게 애교도 부리던 막내였지만, 음악 앞에서는 누구보다 진지한 아티스트였다. 그는 무대마다 놀라운 성장을 보여줬고, 〈천년바위〉를 불렀을 때는 남진 가수로부터 "트로트를 천재적으로 해석했다."라는 극찬을 받았다. 단순히 나이가 어린 참가자가 아니라, 감성과 재능을 겸비한 '음악 천재'로 자리매김했다. 그의 진심 어린 목소리는 세대 불문하고 모두에게 깊은 감동을 주었고, 프로그램이 끝난 이후에도 끊임없는 발전을 거듭하고 있다.

5. 김희재 - 무대 위 아이돌, 무대 뒤 예능인

김희재는 아이돌 같은 비주얼과 댄스 실력으로 무대를 장악했다. 특히 〈나는 남자다〉와 〈풍악〉 무대에서 퍼포먼스의 정수를 보여주었으며 매번 팬들의 기대를 모았다. 반면 무대 뒤에서는 '희극인'이라는 별명처럼 팀 분위기를 밝게 만들었다. 리허설장에 가장 먼저 도착해 연습에 몰두하던 그는 완벽주의자로서의 면모를 보였고, 촬영 중간 포스트잇으로 장난을 치며 팀원들의 피로를 풀어주는 역할도 했다. '희짜르트'라는 별명은 감성적이면서도 정확한 음정과 표현력을 갖춘 그의 음악성을 반영한다. 김희재는 무대뿐 아니라 예능, 드라마, MC 등 다양한 분야에서도 두각을 나타내며 '멀티테이너'로 성장 중이다.

6. 김호중 - 트바로티, 클래식을 품은 트로트

김호중은 성악가 출신으로, 처음엔 트로트와 거리를 뒀지만 〈고맙소〉 무대에서 폭발적인 감정으로 모두를 놀라게 했다. 클래식과 트로트를 접목한 그의 독특한 창법은 신선한 충격을 주었으며, 무대 뒤에서도 매일 밤 창법을 연습하는 성실한 모습으로 주목받았다. 특히 〈천상재회〉 무대는 관객들에게 단순한 노래를 넘어선 기도의 느낌을 전달하며 깊은 감동을 선사했다. 프로그램 내내 진중함과 유머를 잃지 않으며 팀원들에게 조용히 힘이 되어주는 그의 모습은 많은 이들에게 귀감이 되었다. 이후 '트바로티'라는 별명을 얻으며 트로트의 새로운 가능성을 열어가고, 클래식과 대중음악의 경계를 허물며 새로운 길을 개척하고 있다.

7. 장민호 - 따뜻한 리더, 반전의 장꾸

장민호는 무대에서는 진중한 신사의 모습으로, 무대 밖에서는 장난기 가득한 '장꾸'로 활약했다. 동료들의 의상에 몰래 포스트잇을 붙이고 도망가며 웃음을 유발했고, '오늘은 삼바!'를 외치며 춤을 추던 그의 모습은 프로그램의 활력소였다. 그러나 진지한 순간엔 누구보다 진심을 담아 노래했고, 〈남자라는 이유로〉 무대에서는 묵직한 감동을 선사했다. 숙소에서는 직접 요리를 해 동료들을 챙기는 '장쉐프'로도 불리며, 맏형으로서의 책임감과 따뜻함을 보여줬다. 그는 〈역전인생〉, 〈사랑해 누나〉 등 다양한 무대로 트로트의 새로운 스타일을 제시했고, 누구보다도 신뢰할 수 있는 리더였다.

이들이 함께한 '나만의 미스터 트롯 콘서트'는 무대를 넘어선 이야기다. 무대 뒤의 눈물과 웃음, 서로를 향한 응원과 성장의 과정은 하나의 서사로 남았다. 그들은 단순한 출연자가 아니라, 인생을 노래하고 세대 간의 벽을 허문 이야기꾼이자, 우리 모두의 진정한 위로자였다.

트로트의 새 지평을 연 국민 오디션, 인기 비밀을 파헤치다

젊은 세대의 편견을 깨부순 감성 트렌드와 뉴트로 해석

MZ세대 소통문화에서 가장 중요한 3가지는 힙^{Hip}하고 칠^{Chill}하고 감성 있게 이야기를 풀어나가는 것이다. 전통적인 트로트가 세련되고 힙한 음악으로 재탄생하며 젊은 층에게도 어필하게 되면서 세대를 넘어선 음악으로 재조명되었다. 임영웅, 영탁, 이찬원, 정동원, 김희재, 김호중, 장민호 등 젊고 실력 있는 참가자들의 등장으로 "트로트는 어르신들의 음악"이라는 인식이 뒤집혔고, MZ세대까지 팬층을 확대했다.

특히 "임영웅 같은 트로트 아이돌이 있었나?"라는 반응은 트로트의 이미지 전환을 상징적으로 보여주는 사례이다. 그 중심에는 뉴트로(새로운 복고) 열풍 속에서 젊은 트로트 가수들이 트로트를 세련되게 해석하고 현대적인 감성으로 재구성한 것이 크다. 장윤정의 〈어머나〉가 그 시작이었다면, 임영웅의 〈별빛 같은 나의 사랑아〉로 정점을 찍었다. 감성과 멜로디, 진정성을 담은 노래로 전통적인 트로트가 세련되고 힙한 음악으로 재탄생하며 세대 간의 벽을 허물었다. 트로트는 더 이상 특정 세대의 전유물, 구시대의 음악이 아니다. 시대를 관통하는 감성 장르로 올드 트로트가 영 트로트로 다시 태어난 것이다.

트로트 붐의 시작은 사회적 거리 좁히기

2020년 초, 코로나19가 본격적으로 확산되기 직전에 방영된 〈미스터 트롯〉 시즌 1은 마치 운명처럼 우리 곁에 찾아왔다. 사회적 거리 두기로 집 안에 머무는 시간이 길어지면서, 온 가족이 함께 모여 TV 앞에 앉는 풍경이 자연스럽게 펼쳐졌다. 그 중심에 바로 〈미스터 트롯〉이 있었고, 이 프로그램은 집 안에서도 충분히 즐길 수 있는 최고의 콘텐츠로 자리 잡았다. 트로트의 흥겨운 멜로디와 가슴 찡한 가사들은 세대를 초월해 모두가 함께 즐길 수 있는 마법 같은 힘을 발휘했다. 부모님 세대가 먼저 흥얼거리던 노래를 자녀들이 따라 부르며, 어느새 집 안은 작은 트로트 콘서트장으로 변신했다. 트로트는 그렇게 세대 간의 벽을 허물고, 가족 간의 거리를 좁히는 역할을 톡톡히 해냈다. 〈미스터 트롯〉 덕분에 집 안에서도 마음만은 늘 가까이, 사회적 거리를 좁힐 수 있었다.

접근성과 확산성 - 유튜브와 바이럴 문화

2019년 방송된 TV조선의 〈미스 트롯〉은 당시 침체되어 있던 트로트 시장에 큰 반향을 일으켰다. 중장년층의 향수를 자극한 프로그램이었지만, 트로트가 '올드한 장르'라는 편견을 깼다는 평가를 받았다. 이 성공은 곧장 〈미스터 트롯〉 시즌 1으로 이어져서 2020년 당시 신드롬을 일으

컸다. 〈미스터 트롯〉 시즌 1의 시청률은 35.7%를 돌파하며 당시 지상파를 포함한 모든 예능 프로그램 중 가장 높은 수치를 기록했다. 방송 도중에도 출연자들의 이름이 실시간 검색어를 장악했다. 결승전은 거리의 모든 TV가 하나의 채널로 고정되었을 정도로 큰 화제였다. 그 중심에는 탄탄한 구성력과 감동적인 스토리텔링이 있다. TV조선은 단순한 경연 프로그램이 아니라, 감정에 몰입할 수 있는 스토리를 중심으로 프로그램을 구성했다. 참가자들의 가족사, 도전의 배경, 성장 과정 등이 자연스럽게 조명되며 시청자들의 공감을 끌어냈다. 예를 들어 임영웅이 무대 위에서 어머니에 대한 이야기를 전하며 눈물을 보였던 장면은 수많은 시청자들을 울린 감동의 순간으로 회자된다.

〈미스 트롯〉은 여성 중심의 감성적인 스토리를 기반으로 했다면 〈미스터 트롯〉 시즌 1은 각 출연자들의 성장과 극적인 경쟁 구도가 더해져 마치 한 편의 드라마처럼 구성되었다. 가창력은 기본이고 출연자 개개인의 인생사가 시청자의 공감을 자극했다. 여기에 팬덤 문화가 결합하면서 단순한 오디션을 넘어선 하나의 사회적 현상으로 자리 잡았다.

왜 하필 〈미스터 트롯〉 시즌 1이었을까?

이러한 대중적 인기의 이면에는 '진정성'이라는 키워드가 자리하고 있었다. 〈미스터 트롯〉 시즌 1에 참가한 출연자들은 대부분 무명 가수였다. 화려한 무대 경험보다는 살아온 삶 자체가 무대였고, 그 진심이 무대를 통해 전달되었다. 단순히 '경쟁'이 아닌 '공감'과 '응원'의 무대였기에 시청자는 그들의 노래를 듣는 것을 넘어 그들의 인생을 함께 응시하고 있었다.

특히, '노래'는 단지 음을 전달하는 수단이 아니다. 그들의 희망과 좌절, 꿈과 감사를 담은 언어로 다가온 것이다. 임영웅의 절제된 감정 표현, 영탁의 무대 장악력, 이찬원의 구수한 트로트 맛은 음악적 기술 그 이상이었다. 그들은 누군가의 아들이었고, 누군가의 친구였으며, 그들의 노래에는 오랜 꿈이 녹아 있었다.

또 하나 주목할 점은 남성 중심의 트로트 시장을 확장시키는 계기가 되었다는 점이다. 기존의 트로트 프로그램이 여성 출연자에 집중되었던 데 비해, 〈미스터 트롯〉 시즌 1은 남성 출연자들의 매력을 다각도로 조명했다. 이는 이후 수많은 남성 트로트 가수들의 활동 무대를 넓히는 촉매제가 되었다.

결과적으로, '왜 하필 〈미스터 트롯〉 시즌 1이었을까?'라는 질문의 답은 단지 프로그램의 성공 여부를 묻는 것이 아니다. 어떻게 대중의 마음을 흔들었고 왜 지금까지도 영향력이 살아 숨쉬는지를 되짚어 보아야 한다. 〈미스터 트롯〉 시즌 1은 단순한 서바이벌 프로그램이 아니었다. 시대의 정서를 읽고 국민의 감정을 어루만진 콘텐츠였기에 가능한 일이었다. 그것은 우리 모두의 무대였고, 각자의 인생 한 장면이었다. 지금도 노래를 들으면, 그 시절 그 순간이 떠오른다. 누군가에게는 위로였고, 누군가에게는 희망이었다. 그리고 그 모든 이야기를 가능하게 만든 이유는 바로 '진심'이었다.

나의 트로트 이야기

트로트는 어느 날, 아주 자연스럽게 내 삶 속으로 스며들었다. 노래교실 책자를 만들기 위해 다양한 곡들을 찾고, 악보를 편집하며 음원을 제작하는 일을 하다 보니 어느 순간부터 트로트는 '작업 대상'이 아니라 '마음의 친구'가 되어 있었다. 처음엔 익숙지 않았던 구성진 창법과 구수한 가사들이 어느새 정겹게 들렸다. 그 안에 담긴 서민의 희로애락이 가슴 깊이 와닿기 시작했다.

그렇게 트로트에 점점 빠져들 무렵 나에게 〈미스터 트롯〉 시즌 1이 찾아왔다. 무심코 보기 시작한 프로그램이었으나 그 세계에 푹 빠지고 말았다. 단 한 회도 놓치지 않고 시청하며, 무대 하나하나에 웃고 울며 때로는 마치 내가 직접 경연에 참여한 듯한 떨림마저 느꼈다. 특히 임영웅의 〈어느 60대 노부부 이야기〉는 나의 마음을 가장 깊이 울린 무대였다. 따뜻한 목소리로 전하는 한 부부의 잔잔한 인생 이야기는 마치 시간과 공간을 초월한 듯했다. 처음에는 그저 감동적인 멜로디와 가사에 귀를 기울였지만, 반복해서 들을수록 그 노래는 나의 과거와 현재, 미래를 아우르는 삶의 이야기로 다가왔다. 그 곡을 들을 때마다 눈물이 나면서도 동시에 마음이 따뜻해졌다. 마치 그 노래가 나의 삶을 비추는 거울처럼, 나의 소중한 기억들과 감정들을 떠올리게 했다.

이제 트로트는 나에게 단순한 '일'이 아니라 '삶의 이야기'가 되었다. 한 곡 한 곡이 마치 한 권의 책처럼 다가오며, 그 속에는 사랑과 이별, 기쁨과 슬픔이 녹아 있다. 그 모든 감정은 나의 마음속 깊은 곳을 어루만지며, 새로운 희망을 심어주었다. 트로트를 통해 나는 삶의 아름다움과 가치를 다시금 깨닫게 되었고, 그 감동을 다른 사람들과 나누고 싶어졌다. 그래서 나는 오늘도 트로트를 듣고, 또 한 권의 책을 만들며, 누군가에게 그 노래가 작은 위로와 희망이 되기를 소망한다. 트로트는 이제 나에게 단순한 음악이 아니라, 깊은 감동을 주는 삶의 동반자이자, 끝없는 영감을 주는 예술이다. 이 여정을 통해 나는 매일매일 새로운 기쁨을 발견하며, 더 나은 내일을 꿈꿀 수 있게 되었다. 이 희망찬 마음으로 나는 오늘도 트로트의 선율에 몸을 맡긴다.

트로트로 한잔할래?

장소진
고려대명강사최고위 21기
수석여성회장

Mobile
010-5449-4279

Email
colorimage08@naver.com

학력 및 경력 사항
- 동덕여자대학교 일반대학원 통합예술치료학 박사수료
- 성균관대학교 디자인대학원 패션학 석사
- 이화여대 최고경영자 과정 수료
- 현) 유룩굿 컬러이미지 연구소 대표
- 현) 신구대 외래교수
- 현) 사단법인 크리에이티브 국제미협 퍼스널 컬러 심사위원장
- 전) 삼육대/서경대/수원여대/계명문화대 외래교수
- 전) JS 패션 대표
- 전) 한국화장품 교육강사
- 전) MBC 미술센터 분장실 메이크업 아티스트

강의 분야
- 이미지메이킹, 퍼스널컬러, 메이크업, 패션스타일링, 컬러인문학, 컬러테라피

자격 사항
- 컬러리스트(국가자격), 피부미용사(국가자격), 컬러심리전문가 1급
- 통합예술심리지도사 1급, 이미지컨설턴트 1급, 퍼스널컬러리스트 1급
- 맞춤형뷰티컬러전문가 1급, 명강의명강사 1급, 평생교육강사 1급

저서
- 고려대 명강사 25시(공저): 강사의 첫인상이 강의 성패를 좌우한다
- 외모도 실력이다(단행본)
- 이미지메이킹(공저)

CHAPTER 12

강사의 첫인상이 강의 성패를 좌우한다

스티브 잡스는 "아름다움은 성능이다."라고 말했습니다.
그는 외형과 기능이 완벽히 조화를 이루는 상태를 아름다움(beauty)이라 보았죠.
이 개념은 사람의 이미지에도 적용됩니다. 진정한 이미지는 단순한 외모가 아니라,
능력과 태도, 신뢰감, 전문성이 조화를 이룰 때 완성됩니다.
'좋은 이미지'란 겉모습을 넘어선 종합적 인상입니다.

프롤로그

나는 20대에 MBC 분장사로 커리어를 시작해 패션 사업으로 영역을 확장하며, 30년 넘게 뷰티·패션·색채 분야를 종합적으로 탐구해온 비주얼 컨설턴트다.

방송 현장에서 다져온 감각과 실무 경험을 바탕으로, 퍼스널 컬러와 이미지 메이킹을 아우르는 입체적인 스타일링을 제안하고 있다. 현재는 컨설팅, 코칭, 강연 활동을 통해 취업 준비생, 직장인, 창업자, 시니어 등 다양한 이들과 소통하며, 외모 향상을 통한 '자신감 회복'이라는 삶의 중요한 화두를 함께 나누고 있다.

또한 사람마다 지닌 고유의 매력을 발견하고, 이를 능동적으로 관리하고 표현할 수 있도록 돕는 일에 깊은 애정과 사명을 가지고 있다.

나를 가장 잘 표현하는 말, 비주얼 컨설턴트

메이크업 아티스트, 퍼스널 컬러리스트, 이미지 컨설턴트, 스타일리스트… 여러 수식어가 있지만, 결국 나를 가장 잘 설명하는 단어는 '비주얼 컨설턴트다. 나는 사람들의 외모와 스타일에 관한 정보를 수집하고, 분석하고, 가장 어울리는 이미지를 제안하는 일을 한다. 단순히 옷을 골라주거나 메이크업을 하는 것이 아니라, 그 사람의 '전체적인 이미지'를 설계하는 일이다. 비주얼 컨설팅은 나에게 천직이다. 누군가의 변화 과정을 함께하며 자신감을 되찾는 순간, 나 역시 함께 성장하는 느낌을 받는다.

"선생님, 저 이렇게 괜찮은 사람이었나요?"라는 말은 나에게 최고의 피드백이다. 이 일은 감성과 분석을 동시에 요구한다. 퍼스널 컬러와 체형, 이미지의 균형을 따지면서도, 사람에게 가장 자연스럽고 설득력 있는 스타일을 제안해야 하기 때문이다.

10대에는 미대를 꿈꿨고, 20대에는 MBC 방송국에서 분장사로 일했다. 방송 메이크업과 특수 분장을 넘나들며 사람의 외모가 어떻게 정체성을 바꾸는지 직접 체험했다. 이후 화장품 회사 교육강사, 의류 사업가, 대학 강사까지… 30년 넘는 시간 동안 메이크업과 이미지 관련 다양한 영역을 경험했다.

그 과정에서 내가 진정으로 원하는 일은 '사람을 변화시키는 일'이라는 것을 깨달았다. 나는 외모가 내면까지 바꿀 수 있다고 믿는다. 단순히 화장을 하고 옷을 갈아입는 것이 아니라, 거울 속 모습이 달라질 때 마음가짐도 달라진다. 한 장의 전단지에서 시작된 이 길은 결국 내가 가장 나답게 존재할 수 있는 길이 되었고, 지금도 많은 이들이 자신만의 멋진 이미지를 찾을 수 있도록 돕고 있다.

첫인상이
브랜드가 된다

강의력보다 먼저 보이는 '이미지의 힘'

강의는 말을 시작하기 전에 이미 시작된다. 강사가 강의장에 들어서는 순간, 수강생은 자연스럽게 강사의 외모, 복장, 표정, 자세 등을 통해 그 사람을 판단한다. 이러한 무의식적인 판단은 단순한 인상에 그치지 않는다. 강사의 전문성, 신뢰도, 강의 내용에 대한 기대치까지 좌우하는 결정적인 요소다. 사람들은 강사의 외적인 이미지에서 정보를 읽어낸다. 어떤 복장을 하고 있는지, 피부 상태나 헤어스타일은 어떤지, 눈빛은 또렷한지, 표정은 친근한지 혹은 지나치게 엄격한지 등. 이처럼 시각적으로 주는 모든 정보는 수강생의 뇌리에 즉각적으로 저장되고, 그 강사의 전체 이미지를 구성하는 데 영향을 준다.

결국 첫인상은 잘 꾸며진 모습의 문제가 아니라, 강사라는 직업의 '퍼스널 브랜드 로고'와 같다. 마치 브랜드 로고를 보고 소비자가 그 브랜드의 가치를 인식하듯, 수강생도 강사의 첫인상을 통해 신뢰할 수 있는 강의인지 아닌지 판단한다.

2024년 9월 대한 적십자사 초청 강연

수강생이 기억하는 강사는 결국 '인상'

많은 강사는 수업 내용과 자료 준비에 집중한다. 물론 콘텐츠의 퀄리티는 중요하다. 하지만 강의가 끝난 후 수강생의 기억에 남는 것은 의외로 '내용'보다 '사람'인 경우가 많다. 어떤 강사는 전문적인 정보도 많고 열정적이었지만, 복장이 너무 캐주얼해서 가벼워 보이거나, 표정이 무표정해서 전체적으로 차가운 인상을 준다. 반면, 전달력은 다소 부족했지만 따뜻한 미소와 안정된 톤, 깔끔한 스타일로 강의 내내 편안함과 신뢰를 준 강사는 수강생 기억 속에 긍정적인 인상으로 남는다. 이처럼 똑같은 강의 내용이라도 강사의 인상이 어떻게 전달되느냐에 따라 수강생의 몰입도, 만족도, 재수강 의사까지 좌우된다. '기억되는 강사'는 단순히 말을 잘하는 사람이 아니라, 자신만의 이미지로 각인되는 사람이다. 이미지는 말보다 강하게 기억된다. 수강생은 강사의 목소리 톤, 얼굴 표정, 옷의 분위기, 말투의 여유로움을 통해 강사의 태도와 전문성을 종합적으로 해석한다. 따라서 강사에게 있어 '첫인상 관리'는 선택이 아닌 필수다.

첫 3초, 나를 설명하는 비언어적 메시지

첫인상은 매우 짧은 시간 안에 형성된다. 심리학에 따르면 사람은 처음 만난 누군가를 평가하는 데 단 3초면 충분하다고 한다. 이때 사용하는 정보의 90% 이상은 시각적, 비언어적 요소다. 즉, 말하지 않아도 나를 설명하고 있는 것이다. 신뢰감 있는 자세, 또렷한 눈빛, 여유 있는 미소, 자연스러운 손짓, 균형 잡힌 복장은 강사의 '브랜드 이미지'를 구축하는 요소다. 이들은 따로 존재하는 것이 아니라, 통합된 인상으로 수강생에게 전달된다. 어떤 강사는 말하지 않아도 '저 사람은 믿을 수 있겠다'라는 인상을 준다. 이것이 바로 비언어적 메시지의 힘이다. 따라서 강사는 자신이 전달하고자 하는 메시지와 인상이 실제로 일치하는지를 점검해야 한다. 단정하고 전문적인 인상을 주고 싶다면, 자신의 말투나 복장, 눈빛까지도 그 방향에 맞게 정돈되어 있어야 한다.

또한 강의 주제와 인상이 조화를 이뤄야 한다. 예를 들어, 자기계발 강의에서 지쳐 보이는 표정이나 의욕 없는 복장은 강의 신뢰도를 낮춘다. 반대로 여유롭고 단정한 모습은 강의 내용을 더욱 설득력 있게 전달한다. 첫 3초의 인상이 퍼스널 브랜드의 출발점이 되는 지금, 우리는 외모와 말투, 태도까지도 전략적으로 구성할 필요가 있다. 강사의 첫인상은 단지 '외모'가 아니라, 수강생에게 전달되는 '전체적인 브랜드 경험'이다.

퍼스널 브랜딩을 위한 이미지 설계 전략

나만의 강사 캐릭터 만들기

강사는 단순한 정보 전달자가 아닌 하나의 '브랜드 캐릭터'다. 강의 주제와 대상에 따라 강사가 설정해야 할 이미지 톤과 분위기는 달라진다. 예를 들어, 자기계발 강의는 열정적이고 에너제틱한 이미지가 어울리고, 중장년 대상 인생 강의는 안정적이고 신뢰감 있는 인상이 필요하다. 기업 대상 교육에서는 단정하고 전문적인 톤이 효과적이다. 강사 캐릭터는 단지 연출이 아닌, 자신의 성향과 조화를 이루며 자연스럽게 녹아들어야 한다. 진정성이 느껴지는 강사일수록 수강생의 몰입도가 높고, 메시지 전달력도 강하다.

강사의 정체성과 연결되는 스타일링 전략

자신의 강의 스타일, 목소리 톤, 말투, 태도 등은 '강사 캐릭터'를 뒷받침하는 중요한 요소다. 스타일링은 그 캐릭터를 시각적으로 표현하는 수단이며, 다음과 같은 방식으로 전략화할 수 있다.

- 지적인 강사: 모노톤의 정돈된 복장, 단정한 헤어, 깔끔한 액세서리
- 열정적인 강사: 선명한 컬러 포인트, 생동감 있는 표정과 제스처
- 따뜻한 강사: 부드러운 소재, 라운드넥이나 곡선 디자인의 의상, 미소 중심의 이미지

→ 스타일은 '멋'이 아닌, 강사의 메시지를 시각적으로 강화하는 장치다.

퍼스널 컬러와 체형에 기반한 스타일 브랜딩

퍼스널 컬러는 강사의 피부 톤과 조화되며 건강하고 신뢰감 있는 인상을 형성하는 데 결정적이다. 예를 들어, 여름 쿨톤 강사는 파스텔 블루, 라벤더, 라이트 그레이 계열이 잘 어울리며, 이런 컬러는 차분하고 지적인 이미지를 부각시킨다. 봄 웜톤은 베이지, 코랄, 오렌지 레드가 생기 있는 이미지를 연출한다. 체형에 따른 스타일링도 중요하다. 상체 중심형은 시선을 아래로 유도하는 디자인을, 하체 중심형은 어깨 라인을 강조하여 균형을 맞추는 스타일이 어울린다. 핏이 잘 맞고 구김 없는 의상은 정돈된 인상을 준다.

일관성 있는 이미지 구축법(헤어, 메이크업, 복장)

퍼스널 브랜딩의 핵심은 '일관성'이다. 아래 요소들을 정기적으로 점검하고 유지해야 한다.

- 헤어: 계절감과 얼굴형에 맞는 디자인, 잦은 다듬기와 색상 유지
- 메이크업: TPO Time, Place, Occasion에 맞는 절제된 표현
- 복장: 강의 주제와 대상에 어울리는 톤과 구조감, 과하지 않은 포인트

이 세 가지가 조화를 이루면 강사는 단번에 '전문가'라는 인식을 줄 수 있다. 복장 하나만으로도 강사의 메시지가 시각적으로 증폭된다.

말과 행동까지 포함된 '이미지 톤' 연출

강사의 말과 행동은 이미지의 핵심이다. 아무리 복장이 단정해도 목소리가 불안하거나 시선이 흐트러지면 신뢰를 얻기 어렵다. 반대로, 차분하고 안정감 있는 목소리, 눈을 마주치며 말하는 태도는 강사의 자신

2023년 베트남 방송 퍼스널 컬러 진단 영상 촬영 중에서

감과 진정성을 전달한다. 목소리는 전달력의 70%를 좌우할 정도로 중요하다. 적절한 속도, 명확한 발음, 감정을 담은 톤은 메시지를 더욱 생동감 있게 만든다. 손 제스처도 강조하고 싶은 내용을 시각화하는 데 유용하다. 단, 과한 제스처는 오히려 집중을 방해할 수 있으므로 조절이 필요하다.

강사의 이미지 톤은 강의실 밖에서도 유지되어야 한다. 입장 시의 미소, 수강생과의 대화 방식, 쉬는 시간의 모습까지 모두 브랜드 경험의 일부다. 강의 외 시간에도 프로다운 태도와 이미지를 지속하면 수강생의 신뢰와 호감은 더욱 커진다. 또한 SNS와 온라인 플랫폼에서도 이미지 톤이 일관되어야 한다. 글의 문체, 사진의 분위기, 콘텐츠의 톤이 오프라인 강의와 다르면 브랜드의 신뢰감이 깨질 수 있다. 결국, 퍼스널 브랜딩은 '강의장 안에서만 프로'가 아니라 '어디서든 일관된 인상'을 주는 것에서 완성된다.

지속 가능한 강사 브랜딩 전략

나이 들어도 변하지 않는 인상 설계

강사의 브랜딩은 일회성이 아닌 장기적인 과정이다. 강의 경력과 나이가 쌓이면서 외모와 분위기는 자연스럽게 변화하지만, 그 안에서 브랜드 정체성을 유지하는 것이 중요하다. 강사에게는 연령에 따라 맞는 이미지 전략이 필요하다. 예를 들어, 30~40대에는 전문성과 활력을 강조하는 이미지가 효과적이라면, 50~60대에는 깊이감과 안정감을 주는 인상이 더 큰 신뢰를 만든다. 연령에 따른 이미지 진화는 변화를 받아들이되, 그 안에서 일관성을 지켜내는 '브랜드 관리'의 일환이다.

나이 듦을 감추기보다, 세련되게 보여주는 것이 강사 이미지 관리의 핵심이다. 이를 위한 구체적인 전략은 다음과 같다.

- 헤어스타일: 자연스러우면서도 단정한 인상 유지
- 피부 표현: 얇고 깔끔한 베이스로 생기 있는 인상 강조
- 복장 선택: 고급스럽고 절제된 컬러, 편안함과 포멀함의 균형

- 언어 톤: 세대를 아우르는 친화적인 언어 사용

이러한 요소들이 조화를 이루면, 나이에 맞는 지성과 여유, 그리고 신뢰감 있는 이미지를 만들 수 있다. 결국 브랜딩은 나이를 무기로 바꾸는 기술이기도 하다.

강사 브랜딩의 확장: 강의실을 넘어

현대의 강사는 강의실 안에서만 평가받지 않는다. 온라인에서도 강사의 이미지와 신뢰도가 함께 형성된다. SNS, 유튜브, 블로그, 온라인 강의 플랫폼 등에서 보이는 프로필 사진, 콘텐츠 썸네일, 말투와 태도까지 모두가 퍼스널 브랜드의 일부다.

온라인 브랜딩을 위해선 다음 요소들을 점검해야 한다.

퍼스널 컬러 라이브 방송 중에서

- 프로필 사진: 얼굴이 잘 보이고, 자연스러운 미소와 전문성 있는 복장
- SNS 피드: 통일된 색감, 강의와 관련된 주제 중심의 콘텐츠 구성
- 소개 문구: 명확한 전문 영역, 친근하고 신뢰감 있는 문체

사람들은 이미지를 통해 정보를 읽는다. 강사의 프로필 사진 한 장이 그 사람의 전문성, 신뢰도, 세련됨, 친근함을 모두 설명할 수 있다. 실제로 강사 선택에 있어 사진의 인상은 상당한 영향을 미친다. 예를 들어, 조명이 잘 맞고 깨끗한 배경, 정돈된 헤어와 자연스러운 메이크업의 프로필 사진은 '프로페셔널하고 신뢰할 수 있는 사람'이라는 인상을 준다. 반대로 어둡고 흐릿한 사진, 무표정하거나 피로해 보이는 얼굴은 브랜드 가치를 떨어뜨릴 수 있다.

강사의 브랜딩 루틴 만들기

퍼스널 브랜딩을 지속적으로 유지하기 위해서는 정기적인 점검 루틴이 필요하다. 계절이 바뀔 때마다 아래 요소들을 체크해보자. 이러한 스타일 점검은 사소해 보이지만, 강사 이미지에 신선함과 완성도를 더해준다.

- 의상 컬러: 계절감 있는 색상인지
- 소재와 핏: 날씨에 맞고 체형에 잘 맞는지
- 액세서리: 너무 많거나 산만하지 않은지

- 메이크업: 계절별 컬러와 어울리는지

또한 강의 전 준비 과정은 강사의 상태를 가다듬는 중요한 시간이다. 다음과 같은 루틴을 만들어 실천해보자. 이 루틴을 꾸준히 유지하면 매 강의에서 일관되고 안정적인 인상을 줄 수 있다.

1. 거울 앞에서 표정과 자세 점검
2. 복장 마지막 점검 (구김, 단추, 정리 상태 등)
3. 목소리 워밍업 (간단한 발성 또는 문장 리딩)
4. 강의장 입장 동선과 인사 멘트 준비

퍼스널 브랜딩은 강의가 있을 때만 하는 것이 아니다. 평소 일상 속에서도 이미지 관리는 지속되어야 한다. 평소에도 단정한 복장, 매너 있는 말투, 명확한 자기 소개, 소셜 미디어에서의 말과 글 하나하나가 모두 브랜드 자산이 된다. 결국, 브랜드는 내가 아닌 '타인의 기억 속의 나'다. 일상에서의 관리가 쌓일수록 강사로서의 퍼스널 브랜드는 더욱 견고해진다.

에필로그

"당신은 어떤 인상으로 기억되고 싶은가?"

강의는 입을 열기 전부터 이미 시작된다. 수강생은 강사의 첫마디보다 얼굴, 자세, 표정, 목소리의 톤을 통해 '이 사람을 믿을 수 있을까?'라는 판단을 내린다. 말보다 먼저 이미지가 메시지를 전달하고, 태도가 신뢰를 만든다. 이는 몇 초밖에 걸리지 않지만, 그 인상이 강의 전체에 미치는 영향은 매우 크다.

첫인상은 단순히 외모가 좋고, 옷차림이 단정하다는 차원이 아니다. 그것은 말하지 않아도 전해지는 메시지이며, 비언어적 표현의 총합이다. '이 사람은 자신감 있어 보인다.', '자세가 당당하다.', '목소리가 안정적이다.'라는 인식은 청중의 무의식 속에서 강사의 진정성과 전문성을 평가하는 기준이 된다.

강의 현장에는 말을 잘하는 강사가 많다. 그러나 강의가 끝나고 나서도 강하게 기억에 남는 강사는 그리 많지 않다. 그 차이를 만들어내는 것은 유려한 말솜씨가 아니라, 강사가 풍기는 분위기, 즉 인상과 존재감이다. 말로 정보를 전달하는 것은 누구나 할 수 있지만, 태도로 설득하고 인상으로 영향을 주는 일은 훈련과 의식적인 관리 없이는 결코 쉽게 이루어지지 않는다.

강사는 지식을 전달하는 역할을 넘어서, 자신이 전하는 내용을 체현하는 사람이다. 즉, '콘텐츠'와 '사람'이 분리되지 않고 하나의 이미지로 기억되어야 한다. 말투, 표정, 시선, 옷차림, 제스처―이 모든 것이 강의의 일부이며, 청중은 이 모든 요소를 종합해 강사를 평가한다. 우리가 "저 강사 참 멋졌다.", "신뢰가 갔다.", "계속 듣고 싶었다."라고 말할 때, 그 이유는 단지 전달된 정보 때문만은 아니다. 시각적 이미지와 에너지, 태도에서 느껴지는 신뢰와 감정이 훨씬 큰 영향을 미친다.

이 책을 읽고 있는 당신에게 한 가지 질문을 던지고 싶다.

'나는 수강생에게 어떤 사람으로 보이고 있을까?'
'내가 전하고 싶은 이미지와 실제 나의 모습은 얼마나 일치하고 있을까?'

이 질문은 단순한 외모 점검이 아니라, 퍼스널 브랜딩의 출발점이다. 내가 어떤 강사가 되고 싶은지, 어떤 인상으로 기억되고 싶은지를 고민하는 순간부터 나만의 이미지가 만들어지기 시작한다. 브랜드는 로고나 슬로건이 아니다. 브랜드는 일관된 인상이 반복될 때 비로소 구축된다. 강사라는 직업은 매 강의마다 수십 명, 수백 명에게 자신의 브랜드를 각인시키는 기회이기도 하다.

당신은 어떤 강사인가?

듣기 좋은 말을 잘하는 강사인가, 아니면 듣지 않아도 신뢰를 주는 강사인가?

처음 만났을 때 보고 싶고, 듣고 싶고, 배우고 싶다는 마음이 드는 사람은 어떤 이미지일까? 그리고 나는 그런 사람에 얼마나 가까이 다가가고 있을까?

강사는 단지 정보를 나열하는 사람이 아니라, 하나의 '인상'을 전달하는 존재다. 그 인상은 말보다 빠르고, 오랫동안 기억에 남는다. 기억 속에 특별히 남는 강사가 있다. 지식의 양보다는 태도, 말투보다 분위기, 강의 내용보다 그 사람이 전한 에너지 때문일 때가 많다. 그리고 나도 누군가의 기억 속에 그런 사람으로 남을 수 있다.

그 시작은 첫 3초다. 문을 열고 들어서는 순간, 말없이 앉아 있는 그 짧은 시간 안에, 수강생은 이미 마음속으로 강의에 대한 태도를 정하고 있을지 모른다. 그 3초의 인상이 강의의 몰입도를 좌우하고, 때로는 누군가의 인생을 바꾸는 계기가 되기도 한다.

이제 당신의 차례다. 강의실 문을 여는 그 순간부터, 이미 강의는 시작되었다.

말보다 먼저 신뢰를 주는 사람, 존재감으로 설득하는 사람, 강의가 끝나도 기억 속에 오래 남는 사람. 그것이 바로 당신이 만들어가야 할 '강사의 이미지'이며, 나만의 브랜드다. 첫인상은 짧지만, 그 울림은 오래간다.

그리고 그 인상이 누군가에게는 인생을 바꾸는 시작이 될 수 있다.

고려대명강사최고위과정을 마치며

한 학기가 한 달처럼 빠르게 지나갔다.

올해 초, 블로그를 통해 고려대명강사최고위과정을 처음 알게 되었다. 무언가를 결정하기 전에는 시간을 들여 신중히 살펴보는 편이라, 한 달간 고민한 끝에 등록을 결정했다. 강사로서의 역량을 확장할 수 있을 뿐 아니라, 선배 강사들의 강의를 들을 수 있다는 점이 매력적이었다. 특히 출판 과정에 함께 참여할 수 있다는 부분이 가장 큰 동기였다. 개인적으로는 작년부터 써온 단행본 원고가 마무리 단계에 있었고, 출판을 구체화하던 중 공저도 함께 작업해보는 것도 좋은 방법이라 판단했다. 이후 서일정 총장님께 직접 의사를 전했다. 개강 전에 이미 20기 공저를 구입해 정독하며, 어떤 방향으로 써야 할지 나름의 결론을 내렸다. 그리고 시작된 4개월. 다양한 분야의 경험과 개성을 가진 분들과 함께 흥미롭고 의미 있는 시간을 보냈다. 수업 전 김밥으로 배를 채우고, 소화제 타임엔 정을 나누는 술 한잔이 곁들여졌다.

이제 정이 들 만하니 어느덧 이별이 다가온다. 처음 입학했을 땐 서먹

하고 어색해 '과연 끝까지 함께할 수 있을까.' 걱정도 했지만, 지금은 아쉬움이 더 크다. 고려대명강사최고위과정은 따뜻하고 사람 냄새 나는 분들이 모여 있는 곳이다. 서일정 총장님을 비롯해 운영진, 선배 강사님들, 동기들 모두가 서로를 존중하고 응원하는 분위기를 만들어 주었다. 요즘처럼 각박한 시대에 보기 드문 따뜻한 정서가 마음 깊이 남는다. 배움은 끝났지만, 관계는 계속된다고 믿는다. 이 과정을 통해 얻은 지식과 인연을 바탕으로 앞으로의 길도 더욱 단단하게 걸어가고자 한다.

다시 만날 날을 기대하며, 이 글을 마무리한다.

장환희
고려대명강사최고위 21기
감사

Mobile
010-3237-9056
Email
treein1004@naver.com

학력 및 경력 사항
· 예술심리치료학 박사
· 사회복지학 석사
· 상담심리 석사
· 간호학사
· 서울대 장수과학 최고위과정 6기
· 대학부속병원 수간호사
· 간호대학 교수
· 현 요양보호사 교육원 교수
· 현 캘리그라피 작가

강의 분야
· 치매, 스트레스 관리, 몸과 마음의 건강

자격 사항
· 간호사(보건복지부), 사회복지사 1급(보건복지부), 보육교사 1급(여성가족부)
· 명강의명강사 1급, 평생교육강사 1급, 노인교육강사 1급
· 원예치료사, 캘리그라피 지도사, 스트레스 관리 전문가

저서
· 고려대 명강사 25시(공저): 산 넘고 물 건너 걸어온 길
· 학위논문(석사, 박사), 학술지 논문 1편

CHAPTER 13

산 넘고
물 건너 걸어온 길

나는 과거의 힘들었던 시절을 갖고 있다. 그러나 그것이 나의 에너지가 되었다.
나는 오늘도 힘차게 걷는다. 나는 오늘도 사랑하고, 배운다.
나는 변함없이 빛을 향해 나아간다.

프롤로그

봄이 왔다. 앙상하던 나뭇가지에 고운 연둣빛 새싹이 자라고 민들레의 노랑 웃음소리가 풀밭에서 뒹굴고 벚꽃, 진달래, 개나리는 산과 들을 화려하게 물들였다. 온기를 품은 따뜻한 봄바람에 모든 자연의 생명들이 기지개를 켜며 생동하듯 나의 마음도 부풀어 올라 마냥 신나고 즐겁다. 봄의 기운이 나에게 속삭인다. "이 자연의 흥겨운 잔치를 즐겨봐~~"

나의 발걸음은 어느덧 공원의 꽃길을 걷고 있다. 복사꽃이 피어있는 오솔길을 지나면서 옛 동요가 떠올랐다. "나의 살던 고향은 꽃피는 산골, 복숭아꽃 살구꽃 아기 진달래~~.", "동구 밖 과수원길 아카시아꽃이 활짝 폈네~~" 흥얼흥얼하며 생각의 나래를 활짝 펼쳤다. 변화하는 사계절의 자연 속에서 내 삶의 계절은 어디쯤 와있는 것인가? 봄의 성장하는 어린 시절을 지나 사회생활과 가정을 꾸리며 열심히 살던 여름도 지났고 은퇴하여 지내는 지금은 아마 가을에 접어든 것 같다. 수확의 계절에 나는 어떤 열매를 맺을 것인가를 상상하며 내 삶의 봄과 여름을 더듬어 보게 되었다. 그리고 가을의 계절에 들어선 현재 나는 잘 살고 있는

지? 앞으로는 어떤 것을 추구하며 살 것인가? 하는 상념에 빠져본다. 나의 산책길은 길어질 것 같다.

따뜻한 봄날의
어린 시절

내가 좋아했던 놀이

나의 어린 시절은 하루 종일 노는 것이 일상이었다. 계절의 구분도 없었다. 추운 겨울에도 논이 얼면 썰매를 탔고 눈이 오면 길 언덕으로 올라가 미끄럼을 탔다. 그리고 매일 동네 친구들과 함께 고무줄, 사방치기, 다방구, 말타기 등을 하며 노는 시간이 많았다.

내가 가장 잘하고 즐겁게 놀았던 놀이는 무엇이었을까? 생각하니 그것은 친구들과 함께 놀았던 기억이 아니라 그림을 그리거나 꽃밭에서 놀던 때였다. 그림을 그리며 보내는 시간이 즐거웠고 그림이 완성됐을 때 느꼈던 기분은 뿌듯한 성취감이었다. 또 하나의 즐거운 추억은 아침에 맛보는 꽃밭의 추억이다. 꽃밭을 돌며 느꼈던 신선함, 떠오르는 찬란한 햇살, 꽃잎에 맺힌 반짝이는 이슬방울, 예쁜 꽃에 날아다니는 벌과 나비들~~ 지금 생각만 해도 마음이 부풀어온다. 방학 때는 꽃밭에서 많이 놀았다. 누가 시킨 것도 아닌데 호미로 땅을 파며 꽃밭을 정리하고 물을 주었다. 지금도 도라지꽃을 파서 옮길 때 뿌리에서 풍겼던 향을 잊을 수 없다.

초등학교에 입학해서는 미술과 붓글씨를 좋아했고 사생대회도 종종 다녔다. 반면 달리기를 못해서 운동회 때 공책 하나 받아본 적이 없다. 그 시절에는 달리기를 잘하는 친구들이 참 부러웠다. 아마도 친구들과 밖에서 함께 뛰놀았던 시간이 많았음에도 즐거운 추억으로 남아있지 않는 것은 내가 운동신경이 둔해서 놀이를 잘 못했기 때문인 것 같다. 다방구를 하면 도망가다가 잘 잡히고 고무줄놀이를 하면 주로 고무줄을 잡고 있는 경우가 많았다. 유소년 시절을 떠올리면서 내가 어떠한 성향을 가졌고 무엇을 좋아했는지 또렷하게 알았다. 나는 그림 그리기와 붓글씨를 즐겼고 또한 자연을 좋아하는 내성적인 아이였다. 이와 같은 천성은 언젠가 열매를 맺을 수 있는 '씨앗'이었다.

부모님으로부터 받은 선물

현재의 내가 있기까지는 부모님의 영향이 컸다. 어머니로부터 얻은 자산은 인내심과 끈기, 시작하면 끝을 내야 하는 성향이다. 초등학교 1학년 때 열이 펄펄 오르고 아파도 절대 '학교 가지 말라'는 말씀을 하지 않으셨다. 갔다가 참지 못하겠으면 돌아오라는 것이었다. 그러나 내 기억으로 갔다가 돌아온 적은 없었다.

한번은 미술대회에 참석해야 하는 날이었다. 배가 아프고 머리는 뜨겁게 열이 나는데 어머니가 갔다 오라고 하셨다. 나는 끙끙 앓으며 참석하여 입상한 기억이 있다.

또 한 가지 정말 잊을 수 없고 지금 생각만 해도 섬 한 기억이 있다. 우리 집은 기독교 집안이었고 특히 어머니가 매우 열심히 다니셨다. 교회가 산꼭대기에 있어 40분 이상 올라가야 했지만 새벽예배도 빠짐없이 다니셨다. 나도 새벽예배에 어머니를 따라다녔고 수요일 저녁 유년 모임 또한 빠지지 않았다. 나는 형제 중에서 부모님 말씀을 가장 잘 듣고 순종하는 막내였다. 부모님의 말씀은 무조건 순종하는 것으로 알았고 부모님이 좋아하시는 일은 되도록 하려고 했다.

학교 들어가기 전이니까 아마 6살이나 7살 정도 됐을 것이다. 어느 수요일 저녁 유년 모임에 참석하는 날이었다. 그런데 그날 날씨는 눈보라가 몰아치는 매우 추운 날이었다. 내 기억으로 어머니는 가지 말라는 말씀이 없으셨고 나는 한결같이 당연히 가야 하는 것으로 알고 산꼭대기 교회를 혼자 올라갔다. 교회에 도착하니 아무도 오지 않았다. 혼자 서서 텅 빈 교회를 바라보다가 되돌아 집을 향해 내려오는데 해는 지면서 점점 어두워지고 있었다. 바람 소리는 산속에서 윙윙거리며 동물의 울음소리처럼 울렸고 눈은 폭풍과 함께 휘몰아쳤다. 바람이 불 때마다 조그만 아이의 몸은 바람 따라 이리저리 왔다 갔다 하였다. 그러나 무서운 것도, 추운 것도 느끼지 못했고 눈보라 속에 몸을 맡기며 내려오다 보니 어느덧 집에 도착했다. 도착하자마자 어머니는 물론 동네 어른들 모두 반갑게 맞아주시며 대단하다고 칭찬을 해 주셨다. 아마 모두가 걱정을 많이 하셨던 것 같다. 나는 그때 무섭고 힘들었다는 생각은 없었고 아무도 못 해낸 일을 내가 해냈다는 기쁨이 있었다. 그러나 지금 생각해 볼 때 윙윙하며 눈보라 속에서 울렸던 바람 소리와 휘몰아치는 폭풍 속에서 가볍고 조그만 어린 몸이 이리저리 휘날렸던 것을 떠올리면 공포스럽고 아찔하다. 오히려 지금 무서운 감정을 절실하게 느낀다. 그렇지만 살아가면서 지쳐 모든 것을 포기하고 싶을 때 이 생각을 떠올리며 새로운 힘을 얻는다. 아주 어렸음에도 불구하고 남들이 피하는 일을 과감히 했고 내가 할 일은 어떤 경우에도 해냈다는 그 경험을 생각하면서 힘을 얻고 자신감을 가진다. 이것은 인내심, 끈기, 시작한 것은 무슨 일이 있어도 포기하지 않고 끝까지 해내는 어머니의 강한 정신력 덕분이다. 이 정신력은 내가 살아오면서 어려울 때마다 디딤돌이 되었다.

아버지는 전문학교를 나오신 그 시대 인텔리셨다. 한문을 유창하게 잘 쓰시는 모습을 자주 보았고 언제라도 궁금한 것을 여쭤보면 잘 설명해 주셔서 백과사전처럼 생각되었다. 그리고 바른생활 습관과 올바른 예의에 대해 많은 가르침을 주셨다. 이러한 아버지는 존경의 대상이었고 나를 지탱해준 큰 기둥이었다. 아버지의 성격은 매우 급하고 단호하셔서 언니 오빠들은 매우 무서워했고 자주 혼났지만 나는 단 한 번도 아버지의 꾸중을 들은 기억이 없다.

아버지가 막내딸인 나에게는 매우 부드럽고 자상하셨으며 특별히 사랑해 주셨다. 유소년 시기에 아버지께서는 항상 나를 무릎에 앉혀 안아 주셨고 손님이 오면 많은 자랑을 하셨다. 나는 내가 별로 이쁘다고 생각하지 않는데 매일 이쁘다고 하시며 흐뭇하게 생각하시는 모습과 출장을 다녀오실 때는 예쁜 옷을 사다 주셨던 기억이 난다. 지금도 그 옷의 모양과 색깔이 눈에 선하다. 중학교 때에는 교복에 맞춰 신는 검정 구두의 뒷굽이 닳으면 회사 다니시느라 바쁘셔도 즉시 새것으로 갈아주셨다. 그리고 용돈은 빳빳한 지폐로 잘 보관했다가 주셨는데 너무 새 돈이라 아까워 쓰지 못하고 모아놓았다.

아버지를 생각하면 지금도 안전하게 나를 보호해 주시는 것만 같아 마음이 포근해진다. 그 당시는 못 느꼈지만 내가 아이를 키우면서 생각해 보니 아버지의 정성은 깊은 관심과 사랑이셨다. 아버지의 따뜻한 사랑은 언제나 내 가슴에 살아 숨 쉰다. 그 사랑의 힘으로 내 인생의 가장 길고 힘든 여름을 잘 이겨낸 것 같다. 내 인생의 봄은 따뜻했다.

뜨거웠던 여름의 젊은 날

나는 간호학을 전공하였고 졸업과 동시에 본교 대학의 부속병원에 입사하여 줄곧 39년을 근무하였다. 그동안 결혼하여 아이 낳고 키우면서 직장을 다녀야 하는 힘든 시기였다. 하루하루 가정과 직장을 성실하게 해 나가려니 긴장의 연속이며 바쁜 나날이었다. 장점이 있었다면 한눈팔 여유가 없어 사사로운 고민, 남과 비교, 투정~ 이와 같은 것은 내 사전에 없었다. 두 가지 역할에 충실해야만 하는 숨 가쁜 나날의 연속이었고 직장에서도 가정사로 일을 소홀히 한다는 말을 듣지 않기 위해 항상 더 열심히 일했다. 직장에서 아이들이 궁금해서 집에 전화하고 싶어도 절대 하지 않았다. 어린 자녀를 가진 동료들이 집에 전화해서 사사로운 이야기를 길게 하는 것이 보기 안 좋았고 업무에 지장을 준다고 생각했다. 이와 같은 긴 세월은 내 삶에서 가장 어깨가 무거운 시기였다.

마음에 남은 아쉬움

나의 고되고 바쁜 여름 계절을 생각해 보니 힘들었던 기억이 떠오른다. 아이를 낳았을 때 가깝게 사는 친정어머니가 봐주셨는데 아침에 6시에 출근해서 저녁 6시에 퇴근하셨다. 그러므로 나는 퇴근 후 저녁 6시까지 집에 도착해야 했고 저녁 회식, 기타 여러 모임에 전혀 참여할 꿈도 꾸지 못했다.

퇴근 후 나의 시간은 육아와 가정생활의 또 다른 시작이었다. 주말의 휴일도 밀린 집안일과 가족을 위한 시간으로 보내고 나 자신을 위한 쉼을 가질 여유가 없었다. 나는 우리 집에서 가장 먼저 출근하는 엄마였다. 그래서 아이들의 등교하는 뒷모습을 볼 수 없었다. 옷을 입혀주고 머리도 빗겨주고 준비물을 챙겨주며 손잡고 등교시키는 엄마 역할을 해보지 못했다. 그리고 학부모 급식당번, 시험감독, 어머니 모임 등에 참여하지 못했고 함께 많이 놀아주지 못한 점 등이 아쉬움으로 남아있으면서 생각이 날 때마다 마음이 쩡하다.

저녁에 이불 개는 엄마

퇴근 후에는 집에 들어서자마자 가장 먼저 하는 일이 있다. 아이들 방의 이불을 개는 일이었다. 이부자리는 자고 일어나면 털어서 장롱에 정리해 넣어야 하고 잘 때 다시 펴서 자는 것이 원칙이다. 그런데 퇴근 후에 널려있는 아이들의 이부자리를 보며 아침에 하지 못한 일부터 하는 것이다. 몇 시간 후에 다시 깔더라도 이 절차를 무시할 수가 없는 것이다. 나는 이불을 털고 정리하며 매일 저녁에 이불을 개야만 하는 나의 상황이 '가정과 직장을 가진 여성의 애환이구나.'라고 생각했다. 그리고 나의 머리를 스치고 지나간 생각은 퇴직 후 여유로운 시간이 오면 직장과 가정을 함께한 젊은 날을 되새기며 '저녁에 이불 개는 엄마'라는 주제로 글을 써봐야지~ 하며 중얼거렸다. 그런데 지금 이와 같이 글을 쓰고 있다. 말이 씨가 된다는 사실과 그 씨는 언젠가 싹이 난다는 확신을 갖게 하였다.

나의 에너지

바쁘고 정신없었던 삶 속에서도 잘 견디며 지내왔다. 가정과 일의 두 바퀴를 쉼 없이 굴리며 흔들림 없이 달려올 수 있었던 것은 아이들이 공급해 주는 에너지 덕분이었다. 태어나서 세 돌이 될 때까지는 가장 힘든 시기였지만 하루하루 다르게 성장하며 발전하는 모습이 경이롭고 '아이를 키우는 기쁨과 보람이 이런 것이구나.' 하는 것을 종종 느꼈다. 그리고 유년 시기에는 엄마가 퇴근하여 집에 들어서면 너무 좋아 깡충깡충 뛰며 반기는 모습에 쌓인 피로가 확 풀렸다. 저녁 식사 후 자기 전에는 한글 놀이, 닭싸움 등 아이들과 함께하면서 즐거운 시간을 가졌다. 이런 지난 일들이 모두 행복의 조각들이라 생각된다. 초등학교 시절 담임 선생님으로부터 아이들의 칭찬을 들었을 때도 너무나 기뻤다. 몸은 힘들었어도 정신적으로 많은 에너지와 행복을 얻었던 육아였다. 엄마의 부족한 손길에도 특별한 문제 없이 걱정을 끼치지 않고 건강하게 성장해 준 아이들이 감사하다. 때로는 너무 버거워서 모두 놓아버리고 싶기도 했지만 그러한 시간이 나를 더욱 단단하게 만들었다고 본다. 힘든 것을 묵묵히 견디며 걸어온 그 길 위에는 내 삶의 모든 의미가 깃들어있다. 눈물도, 웃음도, 후회도 그리고 보람도~~ 나는 그저 하루하루를 살아 냈지만 그 안에는 참 많은 사랑과 인내, 끈기, 그리고 용기가 있었다.

고즈넉한
내 가을의 뜨락

나의 직장생활 39년을 마무리하자 그동안 꾹꾹 누르기만 했던 일들이 스프링처럼 튀어 올랐다. 그 일이란 내가 정말 하고 싶었던 것들이었다. 지금은 하나씩 실현해 가면서 여유를 갖고 자유롭게 살고 있다.

나는 직장과 가정을 돌보며 숨 가쁘게 달려온 여름의 삶과 퇴직 후인 가을의 삶을 비교해 보았다. 사회적인 틀에 맞추며 사는 얽매인 생활에서 내가 하고 싶은 일을 마음껏 할 수 있는 자유로운 생활로~~ 직장과 가정만을 생각하며 앞만 보고 달렸던 삶에서 이제는 옆도 보고 뒤도 돌아볼 수 있는 느긋하고 여유로운 삶으로~~ 이와 같이 변화된 시간을 보내고 있다.

그리고 그동안 내가 공부해 온 분야를 생각해 보니 간호학, 사회복지학, 상담심리학, 예술심리치료학이다. 이와 같은 학문은 모두 사람을 대상으로 한다는 사실을 알게 되었다. 앞으로 내가 배운 여러 학문이 어우러져 타인과 더 나아가 사회에 기여할 수 있는 발판으로 쓰이기를 바란다.

퇴직 후 다양한 경험

오랜 기간 직장에 근무하면서 지치고 힘들 때마다 혼자 중얼거리는 말이 있었다. "퇴직만 하면 나는 여유롭게 아침, 저녁으로 산책하고, 그림 그리고 붓글씨도 쓰면서 자유로운 생활을 할 거야."라고 다짐하면서 빨리 그런 날이 오기를 꿈꾸며 힘을 얻었고 숨 가쁜 나날을 이겨냈다. 드디어 퇴직 후 날개를 달고 꿈에 그리던 일들을 하나씩 실현해 가면서 다양한 경험을 하였다. 출근하기 위해 바쁘게 서둘렀던 아침 시간을 여유롭게 맞이할 수 있다는 것이 가장 좋았다. 그리고 아침의 신선한 공기를 마시며 공원을 산책하고 저녁의 고즈넉한 석양을 바라보며 산책하기도 하였다. 이와 같은 시간은 직장 근무하는 동안 꿈에나 그리던 생활이었다.

어릴 때 꽃밭에서 노는 것이 즐거웠던 것처럼 나는 자연 속에 있으면 마음이 편안해지고 변화의 신비함에 가슴이 뛴다. 힘차게 떠오르는 해, 찬란하게 지는 해, 달, 눈, 비, 바람, 물, 나무, 흙, 꽃, 하늘, 사계절~~~ 모두가 감격스럽고 경이롭다. 나는 이런 자연을 통해 에너지를 얻는다.

그 외 배우고 싶었던 것은 재봉이었다. 재미있게 배워서 옷도 만들어 입고 에코백, 지갑 등을 만들어 지인들에게 선물도 하였다. 원예에 관한 공부를 하였고 그 기회로 집 안에 화초를 키우는 기쁨도 맛보고 있다. 또한 그림과 붓글씨를 창의적으로 표현하는 캘리그라피를 배우게 되었다. 캘리그라피는 어릴 때 좋아했던 나의 재능을 꽃피울 수 있는 가장 적절한 활동이었다. 또한 발달장애 평생교육원에 1년 정도 근무하면서 발달장애에 대한 인식을 새롭게 하게 되었고, 간호대학에서 2년간 외래교수를 하면서 실습 학생들을 가르쳤던 경험을 통해 학생들과 함께하며 젊어지는 것 같은 활력을 얻었다.

이와 같이 퇴직 후 나는 다양하고 새로운 경험을 하였다. 또한 배우고 싶었던 분야를 공부하는 자유를 마음껏 누렸다. 그리고 또 하나의 변화된 모습은 직장생활 하는 동안 타인의 도움으로 집안일을 꾸려 나갔다면 지금은 전업주부로서 즐겁게 가정 살림을 한다는 것이다. 이러한 삶의 변화는 퇴직 후에 맛보는 귀한 시간이다.

즐기고 있는 나의 일

나는 현재 요양보호사 교육원에서 강의를 한다. 나이와 학력을 초월한 다양한 군들의 모임이다. 요양보호사 자격시험에 합격하기 위해 아침부터 저녁까지 앉아서 눈 반짝이며 집중하는 열의에 놀란다. 한글만 깨우친 80대 어르신이 공부하여 덜컥 합격하는 일. 대학을 나온 인텔리의 남성이 떨어지는 일. 다양한 경험을 하면서 느끼는 점도 많다. 내가 교육원 강의에 애착을 갖고 즐겁게 하는 이유는 내 강의를 열심히 듣는 교육생들의 열정과 합격 후 그 기쁨을 함께하기 때문이다.

현재 활동하고 있는 또 하나의 일은 캘리그라피다. 먹으로 그림 그리기와 서예를 함께할 수 있는 현대 캘리그라피를 즐기고 있다. 현재 나의 삶에 가장 좋은 영향을 주고 있는 창작활동이다. 캘리그라피를 하면서 만족한 점은 좋은 시나 글을 항상 가까이할 수 있다는 것이다. 그러므로 정신적으로 매우 건강해지고 집중에 의한 몰입의 즐거움도 맛보고 작품을 완성했을 때의 성취감 또한 크다. 캘리그라피는 노후의 여가 시간을 가치 있게 보낼 수 있는 내 인생 3막에서 끝까지 함께할 긍정적인 친구다. 또한 캘리그라피 활동으로 노인의 정신건강에 도움을 줄 수 있음을 증명하는 논문으로 박사학위를 받았다. 이것을 통해 노인의 정신건강 향상을 위한 활동도 계획하고 있다. 캘리그라피로 자신을 포함하여 타인과 사회를 위해 도움이 될 수 있다는 점이 흐뭇하다. 이와 같이 내가 하고 싶은 일을 마음껏 할 수 있는 퇴직 후의 삶은 즐겁고 신난다.

에필로그

　나는 흥겨운 봄 잔치에 이끌려 산책을 하면서 내 삶의 봄, 여름, 가을을 생각하게 되었다. 따뜻한 봄의 어린 시절에 나는 자연을 즐겼고 그림 그리기와 붓글씨를 잘했다. 그리고 부모님으로부터 많은 영향을 받고 자랐다. 여름의 젊은 날들은 가장 길고 힘든 터널과 같은 시기였다. 직장과 가정을 책임지며 앞만 보고 달려온 숨 가쁘던 나날들이었다. 이러한 시간의 조각들이 모여 현재 나의 삶을 이루고 있다. 특히 여름의 시간을 꾸준하게 묵묵히 잘 견뎌왔기에 가을의 여유롭고 자유로운 시간을 보낼 수 있는 것 같다. "no pain, no gain.", "뿌린 대로 거둔다."라는 말을 되새기며 젊은 날의 힘들고 지루한 고통을 잘 견디고 이겨내는 것이 결코 헛된 일이 아니라는 것을 젊은이들에게 전해 주고 싶다.

　현재 가을에 접어든 나의 삶은 어렸을 때 좋아하고 잘했던 것들을 실현하며 사는 자유롭고 여유로운 황금기다. 가장 "나"다운 모습으로 지내고 있다. 그리고 앞으로 나의 소망은 자연스럽게 흐르며 쉼 없이 만물에 이로움을 주는 물처럼 사는 것이다. 베푸는 삶으로 나의 길을 묵묵히 걸어가리라 다짐하면서 산책을 마친다.

나는 과거의 힘들었던 시절을 갖고 있다. 그러나 그것이 나의 에너지가 되었다.

나는 오늘도 힘차게 걷는다. 나는 오늘도 사랑하고, 배운다.

나는 변함없이 빛을 향해 나아간다.

정행복
**고려대명강사최고위 21기
홍보회장**

Mobile
010-5001-6705

Email
641414@hanmail.net

학력 및 경력 사항
- 서울한영대학교대학원 박사
- ㈜채워주는사람들 이사장
- 글로벌KLI행복지사 대표
- 예명대학원대학교 사회복지학과 겸임교수
- 열린사이버대학교 사회복지학과 특임교수
- 뉴엠교육원 사회복지학과 운영교수
- 칭찬대학교부천지부 학장
- 고려대명강사최고위과정 21기 수료

강의 분야
- 사회복지학, 결혼상담사, 노후 준비, 소통, 칭찬 등

자격 사항
- 사회복지사 2급(보건복지부장관), 다문화전문가 2급, 한국어교원 2급
- 요양보호사(경기도), 결혼상담전문가, 진로적성 상담사
- 기업교육강사자격 1급, 가정, 학교폭력강사, 분노조절 상담사
- 명강의명강사 1급, 성인학습전문상담사, 노인교육강사 1급

수상 내역
- 한국을 빛낸 무궁화 대상 -경찰합동신문 주최

저서
- 고려대 명강사 25시(공저): 노후 준비, 내일을 위한 오늘의 선물
- 학위논문 - 중년기 노후를 위한 준비행동
- 정신건강론(조은출판사), 인간행동과 사회환경(박영스토리)
- 장애인복지론(박영스토리)

CHAPTER 14

노후 준비, 내일을 위한 오늘의 선물

노후 준비는 단순히 경제적인 부분만을 의미하는 것이 아니라,
정서적 건강과 인간관계, 그리고 삶의 의미를 포함하는 포괄적인 개념입니다.
이를 통해 우리는 노후를 두려워하기보다는 오히려 삶의 질을 높이고,
'나답게' 살아갈 수 있는 기회를 만들 수 있습니다.
따라서 노후 준비는 결국 우리 자신을 위한 가장 큰 선물이 될 수 있습니다.
이러한 관점에서 노후를 준비하는 것은 단순한 의무가 아니라,
스스로의 삶을 더욱 풍요롭게 만드는 과정이라고 할 수 있습니다.
또한, 노후를 대비하여 취미와 여가 활동을 미리 계획하여 두는 것도 중요합니다.
이는 정신적 건강을 유지하고 삶의 활력을 불어넣어 줄 뿐만 아니라,
새로운 사람들과의 만남을 통해 사회적 관계를 넓히는 데에도 큰 도움이 됩니다.
노후에도 배우고 성장할 수 있는 기회를 갖는 것은 자존감을 높이고
삶에 대한 만족도를 끌어올리는 데 효과적인데, 작은 관심사라도
꾸준히 이어가는 태도는 인생 후반기를 더욱 의미 있게 만들어 줍니다.

노후 준비, 왜 지금 시작해야 할까?

복리의 마법과 시간의 힘

우리는 종종 미래를 위해 '돈을 모아야 한다'라는 사실을 인지하면서도, 그 중요성을 실감하지 못하는 경우가 많습니다. 그러나 복리의 원리를 이해하면 이 문제에 대한 인식이 크게 달라질 수 있습니다.

복리란, 투자된 금액에 대해 이자가 계산되고, 이 이자가 다시 원금에 더해져 다음 기간의 이자 계산에 영향을 미치는 방식입니다. 즉, 시간이 지남에 따라 이자가 기하급수적으로 증가하는 현상을 말합니다. 예를 들어, 매달 일정 금액을 저축하거나 투자하면, 초기에는 미미한 변화처럼 보일 수 있지만, 수십 년에 걸쳐 엄청난 차이를 만들어낼 수 있습니다.

노후 준비 역시 복리의 효과를 최대한 활용해야 하는 분야입니다. 준비를 시작하는 시점이 빠를수록, 적은 비용과 노력으로도 더 큰 안정과 평화를 얻을 수 있습니다. 이는 단순히 재정적인 측면에 국한되지 않고, 정서적 안정과 삶의 질 향상에도 중요한 영향을 미칩니다.

준비가 늦었다고 자책할 필요는 없습니다. 중요한 것은 현재의 시점에서 가장 빠르게 행동을 시작하는 것입니다. "지금 이 순간이 가장 빠른 출발점"이라는 사실을 기억하는 것이 핵심입니다.

생각해 볼 질문
- 나는 현재 미래를 위한 투자를 하고 있는가?
- 현재의 작은 저축과 투자가 10년 후 내 삶에 어떤 긍정적인 변화를 가져올 것인가?

노후에는 다양한 리스크가 존재한다

노후 리스크의 종류

- 의료비 부담: 평균수명이 늘어나는 반면 건강수명은 그에 미치지 못해 질병 치료 및 관리 비용이 증가합니다.
- 외로움: 은퇴 후 사회적 관계가 줄어들면서 외로움과 우울증, 치매 등의 위험이 커집니다.
- 경제적 불안정: 예기치 않은 사고나 투자 실패, 예상보다 긴 은퇴 생활 등으로 인해 경제적 기반이 흔들릴 수 있습니다.
- 신체적 약화: 근육량 감소, 관절 질환, 시력과 청력 저하 등 신체적 기능 저하는 일상생활의 제약을 초래하고 낙상 등의 사고 위험을 증가시킵니다.
- 정서적 불안정: 역할 상실감과 미래에 대한 불확실성으로 인해 고립감과 우울감이 나타날 수 있다.

지혜로운 대비 방법

- 경제적 준비: 연금, 저축, 다양한 수입원을 확보합니다.
- 정서적 준비: 인간관계를 유지하고, 취미 생활과 공동체 활동에 참여합니다.
- 건강 준비: 규칙적인 운동, 정기적인 건강 검진, 균형 잡힌 식습관, 충분한 수면, 그리고 스트레스 관리를 통해 신체와 정신의 건강을 함께 돌봐야 합니다.

생각해볼 질문

- 자신의 노후를 위협할 수 있는 가장 큰 리스크는 무엇인지 고민해보고,
- 그 리스크를 줄이기 위해 현재 할 수 있는 일이 무엇인지 생각해보는 것이 중요합니다.

국민연금, 퇴직연금, 개인연금 전략적 활용법

노후 준비의 가장 기본적인 출발점은 '안정적인 수입원'을 확보하는 것입니다. 단순히 모아둔 돈을 소비하는 것이 아니라, 은퇴 후에도 일정한 소득이 꾸준히 들어오게 하는 구조를 만드는 것이 핵심입니다.

국민연금: 든든한 국가 지원

국민연금은 모든 국민이 의무적으로 가입하는 공적 연금 제도입니다. 무엇보다 장점은 '물가 연동'이라는 점입니다. 물가가 오르면 연금도 오르기 때문에, 시간이 지나도 실질 가치가 보전됩니다.

또한 국민연금은 수령 시기를 조정함에 따라 연금액이 달라집니다.

- 조기 수령(만 60세부터)은 연금액이 줄어듭니다.
- 수령 연기(최대 만 70세까지)하면, 최대 36%까지 연금액이 증가합니다.

은퇴 시점의 경제적 상황과 건강 상태를 고려하여, 수령 시기를 전략적으로 선택하는 것이 중요합니다.

퇴직연금(IRP): 근로 기간의 결실을 지키는 법

퇴직금은 단순히 일시불로 수령하는 것보다, 안정적인 노후 자금 확보를 위해 퇴직연금 제도를 활용하는 것이 바람직합니다. 특히 개인형 퇴직연금IRP 계좌로 퇴직금을 이전하면, 투자 운용 수익을 통한 자산 증식과 함께 세액공제 및 과세 이연등의 세제 혜택을 누릴 수 있습니다.

55세 이후 일정 기간에 걸쳐 연금 형태로 분할 수령하면, 일시금 수령에 비해 퇴직소득세 부담을 최대 30~40%까지 줄일 수 있으며, 장기적으로는 연금소득공제도 적용되어 실질 수령액이 증가합니다. 또한, IRP는 재직 중 추가 납입이 가능해, 자발적인 노후 자산 관리 수단으로도 유용하게 활용될 수 있습니다.

〈꿀팁〉

- IRP 가입 시 안정형(예금, 채권)과 성장형(주식형 펀드)을 적절히 섞어 포트폴리오를 구성하세요.
- 은퇴가 가까울수록 점점 더 안정형 자산 비중을 높이는 것이 원칙입니다.

개인연금: 나를 위한 맞춤형 준비

개인연금은 국민연금과 퇴직연금만으로 부족할 수 있는 노후 자금을 보완하는 중요한 수단입니다. 특히 세액공제 혜택이 있는 연금저축보험, 연금저축펀드 등을 활용하면 절세 효과까지 누릴 수 있습니다.

〈사례〉

- 연금저축에 연 400만 원 납입 시, 약 52만~66만 원 세액공제 혜택 가능(소득 수준에 따라 다름)

조기에 준비하면 준비할수록 작은 부담으로 큰 결과를 얻을 수 있습니다.

생각해 볼 질문

나는 국민연금, 퇴직연금, 개인연금을 어떻게 조합할 계획인가?

수령 시기, 세제 혜택, 투자 방법까지 충분히 고려하고 있는가?

다양한 수입원 구축하기

노후 재정 전략의 핵심은 '수입 다변화'입니다. 하나의 수입원에만 의존하는 것은 위험합니다. 다양한 경로로 소득을 마련해 리스크를 분산해야 합니다.

부동산 임대수입

부동산을 통한 임대수입은 전통적인 노후 준비 방법입니다. 소형 아파트, 오피스텔, 상가 등을 임대하여 꾸준한 현금 흐름을 확보할 수 있습니다.

〈주의점〉

- 공실 리스크, 유지·보수 비용 등을 고려해야 합니다.
- 지방 소형 부동산보다는 입지 좋은 곳의 소형 매물을 선호합니다.

주식 배당 소득

장기적으로 우량주에 투자하여 배당금을 수령하는 전략도 유효합니다. 배당주는 시장 변동성에 덜 민감하고, 매년 꾸준히 현금 흐름을 제공합니다.

사례: 연 4% 배당 수익률을 목표로 포트폴리오를 구성할 경우, 1억 원 투자 시 연 400만 원 수익이 가능합니다.

소규모 창업과 은퇴 후 활동

카페, 온라인 쇼핑몰, 소자본 창업 등을 통해 은퇴 이후에도 일정 소득을 만들 수 있습니다. 다만 창업은 리스크가 크므로, 본인의 경험과 전문성을 살릴 수 있는 분야를 선택해야 합니다.

시간제 일자리, 컨설팅, 강의

은퇴 후에도 시간제 일자리나 자신의 경력을 살린 강의, 컨설팅 활동을 통해 소득을 얻을 수 있습니다. 특히 최근에는 시니어 전문 강사, 멘토링, 지역사회 강의 수요가 늘어나고 있습니다.

생각해 볼 질문

나는 은퇴 후 어떤 방식으로 추가 소득을 만들 수 있을까?

지금부터 준비하거나 배워야 할 것은 무엇일까?

위험을 대비한 경제적 준비

노후를 준비하는 데 있어 경제적 수입원만큼이나 중요한 것은 '예상치 못한 위험'에 대비하는 것입니다. 아무리 많은 자산을 가지고 있어도, 큰 병이나 사고로 인해 하루아침에 재정이 흔들릴 수 있습니다.

그러므로 개인 보험 준비는, 단순한 비용이 아니라 '미래를 지키는 투자'라고 할 수 있습니다.

건강보험과 실손의료보험

기본적으로 국민건강보험은 모든 국민을 대상으로 하지만, 실제 의료비 전액을 보장하지는 않습니다. 특히 중대 질병(암, 심장질환, 뇌혈관 질환 등)이나 고가 치료의 경우, 본인 부담금이 상당히 큽니다. 실손의료보험은 이러한 본인 부담금을 실질적으로 보완해 주는 보험입니다.

가입 시 주의할 점

- 중복 보장 여부

- 보장 범위
- 갱신 조건

치매보험, 장기 요양 보험의 필요성

고령화가 가속화되면서 치매나 장기 요양 상태로 진입하는 인구가 급증하고 있습니다. 치매는 단순한 의료비 문제를 넘어, 지속적인 돌봄 비용(시설 입소, 간병인 고용 등)이 수반됩니다. 치매보험과 장기 요양 보험, 간병비 지원 보험은 이러한 장기적 부담을 줄이기 위한 방패막이입니다.

- 치매 진단 시 일시금 지급
- 요양 등급 판정 시 매월 요양 자금 지급

실버케어 서비스 연계 보험

- 개념: 단순한 보험금 지급을 넘어, 간병인 연계, 병원 이송 서비스, 약 배송 서비스등 실버케어 지원을 포함하는 보험이 최근 주목받고 있습니다.
- 장점: 노후 돌봄의 실질적 문제를 해결하며, 가족의 부담도 경감함
- 예시: 치매 초기 환자 대상 방문 간호 서비스, 야간 응급 대응 서비스 포함 보험

가족 중심 보험 전략

배우자 및 자녀와의 공동 플랜 설계: 치매, 장기요양, 사망 등 상황에

따라 가족 전체가 영향을 받기 때문에 보험 가입 시 가족 구성원별 역할을 고려해야 합니다.

가족 동반 보험이나 부양자 전용 보험 특약등을 통해 보호 범위를 넓히는 전략도 유용합니다.

보험 준비의 핵심 포인트
- 가능한 한 젊고 건강할 때 가입해야 보험료가 저렴합니다.
- 과도한 보장(과잉 가입)보다, 실제 필요 보장 중심으로 효율적으로 준비합니다.
- 보장성 보험과 저축성 보험은 목적에 따라 구분해서 관리해야 합니다.

생각해 볼 질문

현재 나에게 필요한 보험은 무엇인가?

보험으로 커버하지 못하는 리스크는 어떻게 준비할 것인가?

풍요로운 노년을 위한 정서적 준비

긍정적 사고와 자기 효능감으로 마음의 근육을 키우는 것이 중요합니다. 노후의 삶을 좌우하는 것은 단지 경제적 준비만이 아닙니다. 내면의 힘, 즉 '정서적 회복탄력성(emotional resilience)'이야말로 인생 후반을 단단하게 살아가게 하는 핵심입니다.

긍정적 사고의 중요성

행복은 상황이 아니라 태도에서 옵니다. 외부 환경이 변하지 않아도, 삶을 긍정적으로 바라볼 수 있는 마음의 근육이 단단할 때, 어떤 어려움 속에서도 다시 일어설 수 있습니다.

감사 일기 쓰기: 일상 속 긍정 찾기

감사 일기란, 매일 감사한 일을 세 가지 이상 기록하는 습관입니다. 처음에는 억지로 찾아야 할지도 모릅니다. 하지만 점차, 사소한 것에도 감사하는 눈이 열리게 됩니다.

예시

- 오늘 아침 따뜻한 햇살을 맞은 것
- 건강하게 걸을 수 있었던 것
- 친구의 안부 전화를 받은 것

이처럼 작고 평범한 순간에 감사하는 마음을 갖게 되면, 우울과 불안이 줄어들고 삶의 만족감이 자연스럽게 높아집니다.

자기 칭찬 훈련: 자신에게 따뜻해지기

나이가 들수록 자존감은 자연스럽게 약해질 수 있습니다. 사회적 역할이 줄어들고, 몸이 예전 같지 않음을 느낄 때, 스스로를 다그치기 쉽습니다.

하지만 이럴 때일수록 자신에게 따뜻한 말을 건네야 합니다.

"오늘도 잘 참았어."

"조금은 힘들었지만 포기하지 않았지."

이런 작은 칭찬이 쌓이면, 자기 효능감이 회복되고 삶에 대한 주도권이 살아납니다.

스트레스 관리: 호흡과 자연의 힘

스트레스를 피할 수 없다면, 건강하게 다루는 방법을 배워야 합니다.

- 호흡 명상: 조용한 곳에서 천천히 숨을 들이쉬고, 내쉬면서 현재에 집중하는 연습을 합니다. 하루 5분이면 충분합니다.

- 자연 산책: 공원이나 숲길을 걸으며, 자연의 소리와 냄새에 집중합니다. 연구에 따르면, 자연 속에서 20분만 머물러도 스트레스 호르몬 수치가 눈에 띄게 감소한다고 합니다.

생각해 볼 질문

오늘 하루 동안 감사와 나 자신에게 칭찬할 수 있었던 일은 무엇이었는가?

스트레스를 풀기 위해 어떤 일상을 만들 수 있을까?

더불어 함께하는 노후의 삶; 관계를 가꾸는 법

아무리 경제적 준비가 잘 되어 있어도, 혼자라면 노후는 외롭습니다. 사람은 관계 속에서 존재하고, 함께하는 시간 속에서 삶의 의미를 찾습니다.

- 가족과의 유대 강화: 자녀, 손주, 배우자와의 정기적인 소통은 삶의 안정감을 줍니다. 단순한 연락이라도 지속적인 관심과 애정 표현이 중요합니다.
- 친구와의 교류 유지: 오랜 친구는 삶의 자산입니다. 주기적인 만남, 전화 한 통, 소소한 안부 문자도 관계를 지속하는 좋은 방법입니다.
- 새로운 관계 맺기: 지역 커뮤니티, 동호회, 평생교육 프로그램 등 새로운 사람들과의 만남은 노년의 외로움을 줄이고 삶의 활력을 불어넣어 줍니다.
- 나눔과 봉사: 타인을 위한 활동은 스스로를 더욱 가치 있게 느끼게 합니다. 자원봉사나 재능 기부 활동은 사회적 연결감을 회복하는

좋은 방법입니다.

- 디지털 활용: 비대면 시대에도 인간관계를 이어가기 위해, 스마트폰, 메신저, 영상통화, SNS 등 디지털 도구를 익히고 활용하는 것도 필요합니다.

생각해 볼 질문

나는 지금 어떤 관계를 가장 소중히 여기고 있는가?

새롭게 맺고 싶은 관계는 어떤 모습일까?

외로움을 이기는 생활 습관 만들기

노후에 직면하는 가장 큰 문제 중 하나는 외로움입니다. 가족, 직장, 사회와의 연결고리가 약해질수록, 마음 한구석에 스며드는 외로움은 깊어집니다. 하지만 외로움은 단순히 '사람이 없는 것' 때문만은 아닙니다. 삶을 주체적으로 살아가는 힘이 약해질 때, 외로움은 찾아옵니다.

규칙적인 일상의 힘

일상을 규칙적으로 살아가는 것 자체가 외로움을 줄이는 강력한 방법입니다. 아침에 일어나서 산책을 하고, 책을 읽고, 소소한 취미를 즐기는 일상은 마음에 활력을 불어넣습니다.

예시

- 아침에 햇살 받으며 20-30분 걷기
- 매일 책 읽는 습관 가지기
- 매주 취미 모임 참석하기 (그림, 글쓰기, 악기, 요리 등)

- 감사 일기 쓰기

이러한 규칙적인 일상이 쌓이면, 외로움은 자연스럽게 삶의 한쪽으로 밀려납니다.

디지털을 통한 소통

현대 사회에서는 나이가 들더라도 디지털 도구를 적극 활용해야 합니다.

- 스마트폰으로 가족과 영상통화하기
- SNS를 통해 친구들과 일상 나누기
- 온라인 독서 모임, 동호회 참여하기

처음에는 어색하고 낯설지만, 한 번 익숙해지면 세상과 연결되는 새로운 창이 열리게 됩니다.

자기 돌봄의 중요성

외로움을 느낄 때, 스스로를 돌보는 방법을 아는 것이 중요합니다. 자신을 위한 시간을 갖고, 좋아하는 활동을 하며, 긍정적인 생각을 유지하는 것이 필요합니다.

생각해 볼 질문

나만의 하루 일상은 어떤 모습인가?

새로운 사람과 소통하기 위해 내가 오늘 할 수 있는 작은 실천은 무엇인가?

외로움을 느낄 때, 나는 어떤 방식으로 내 마음을 돌볼 수 있을까?

나다운 노년을 설계하다

은퇴는 끝이 아닙니다. 새로운 시작입니다. 지금까지 살아온 시간을 기반으로, 더욱 '나다운 삶'을 펼칠 수 있는 두 번째 기회입니다. "나만의 인생 2막 만들기" 시작입니다.

인생 2막의 의미

많은 이들이 은퇴 후 "이제 뭘 해야 할까?"라는 질문 앞에서 막막해집니다. 하지만 답은 멀리 있지 않습니다.

- 어릴 적 하고 싶었던 일
- 늘 마음속에 품어왔던 꿈
- 작지만 진심이 담긴 관심사 속에 있습니다.

새로운 도전의 용기

중요한 것은 '다시 도전하는 용기'입니다. 과거의 경험이나 나이에 얽매이지 않고, 진정으로 원하는 것을 향해 나아가는 용기가 필요합니다.

나의 강점과 열정 찾기

자신이 잘하는 것과 좋아하는 것을 찾아보세요. 이를 통해 새로운 삶의 방향을 설정할 수 있습니다.

예시

- 글쓰기를 좋아한다면, 작가나 블로거로 활동할 수 있습니다.
- 가르치는 것에 소질이 있다면, 교육 봉사나 강의를 시작할 수 있습니다.
- 자연을 사랑한다면, 환경 단체에서 활동하거나 정원 가꾸기를 취미로 삼을 수 있습니다.

작은 목표부터 시작하기

큰 목표를 세우기 전에, 작은 목표부터 차근차근 달성해 나가세요. 작은 성공들이 모여 큰 성취를 이룹니다.

배움과 성장을 멈추지 않기

새로운 기술이나 지식을 배우는 데 주저하지 마세요. 평생 학습은 뇌를 활성화시키고, 삶에 활력을 불어넣습니다.

사회적 기여에 대한 고민

자신의 경험과 지식을 사회에 환원하는 방법을 고민해 보세요. 자원봉사, 멘토링, 커뮤니티 활동 등을 통해 사회에 기여할 수 있습니다.

생각해 볼 질문

- 나는 어릴 적 어떤 꿈을 가지고 있었나?
- 지금까지의 경험을 바탕으로 새롭게 도전해 보고 싶은 분야는 무엇인가?
- 나의 강점과 열정을 살려서 사회에 기여할 수 있는 방법은 무엇인가?

60의 봄 나들이 - 정행복

노후 준비, 내일을 위한 오늘의 선물

우린 정우회 친구들,

환갑의 웃음으로 하나 되어

거제도의 품에 안겼다.

외도의 푸른 숨결 따라

바닷바람에 웃음이 흩어지고,

어린 시절로 돌아간 듯

깔깔깔, 파도보다 더 크게 웃었네.

여수 밤바다 위, 미남 크루즈 갑판에서

불꽃이 터질 때,

우리의 환호도 하늘을 찔렀지.

순간순간이 선물 같아

불꽃 속에 소원을 담아,

이 세상 가장 반짝이는

즐거움을 두 팔로 끌어안았지.

순천만의 습지처럼

우리 마음도 넉넉히 물들고,

낙안읍성의 돌담처럼

우정은 더욱 단단해졌어.

그리고 우린 일상이라는 집으로 돌아와,
추억이란 이름의 보석 하나를
가슴 깊이 간직했네.

에필로그:
지금, 노후를 선물하세요

우리는 종종 노후를 막연한 두려움으로만 여깁니다. 그러나 이 책이 전하고자 한 메시지는 분명합니다. 노후는 기다리는 것이 아니라, '지금' 준비하며 선물처럼 맞이할 수 있는 시간이라는 것입니다.

경제적인 계획부터 정서적 건강, 인간관계에 이르기까지 노후 준비는 단순히 미래를 위한 보험이 아니라, 현재의 삶을 더 깊고 풍요롭게 만드는 과정입니다. 작은 습관 하나, 감사하는 마음 한 줄, 사람과의 소박한 대화가 모여 노후를 더욱 의미 있게 빚어갑니다.

이 여정은 완벽할 필요가 없습니다. 다만 매일 조금씩, 나를 돌보고 내일을 생각하는 태도에서 시작됩니다. 이 책을 덮는 지금, 스스로에게 물어보세요.

"나는 어떤 노후를 살고 싶은가?"

그 답을 향해 한 걸음씩 걸어갈 수 있다면, 오늘의 준비는 내일의 나에게 가장 소중한 선물이 될 것입니다. 지금 이 순간부터, 노후는 이미 시작되었습니다. 그리고 그 길 위에 당신이 있습니다.

파트별 핵심 포인트

주제: 도전을 멈추지 않으면 노후도 발전할 수 있습니다.

1장

작은 돈도 장기적으로는 큰 차이를 만듭니다. 꾸준함이 핵심입니다.

2장 "노후의 4대 리스크를 기억하라"

R - 소득 감소

I - 건강 악화

S - 사회적 고립

K - 지식 부족

3장 "연금은 3P로 준비하라!"

P1 - Public (국민연금): 기본적인 노후 소득 안전망

P2 - Private (퇴직연금): 직장 기반의 핵심 보완 수단

P3 - Personal (개인연금): 나만의 맞춤형 연금 설계

4장 "노후 수입은 M.I.X.하라!"

M - Main income (주 소득원): 연금, 임대소득 등 안정적 기반 마련

I - Interest income (이자/배당): 금융상품, 주식, 채권 등을 통한 수익

X - Extra income (부가 수입): 취미 기반 활동, 강의, 글쓰기 등

5장 "노후 재정은 S.A.F.E.하게 지켜라!"

S - Saving (저축): 기본적인 비상자금 확보

A - Asset diversification (자산 분산): 다양한 자산에 분산 투자로 리스크 완화

F - Financial products (금융 상품 활용): 보험, 연금, 신탁 등 안전장치 마련

E - Emergency plan (비상계획): 질병, 사고, 돌발 상황에 대비한 계획 수립

6장 "노년의 삶, H.E.A.R.T.로 따뜻하게 채워라"

H - Harmony (조화로운 인간관계): 가족·이웃·친구와의 건강한 관계 유지

E - Emotion care (감정 관리): 외로움·우울감 예방과 정서적 회복력 강화

A - Acceptance (자기 수용): 변화된 자신을 인정하고 긍정적으로 받아들이기

R - Routine (건강한 일상 루틴): 안정감 있는 하루가 마음의 평온을 만든다

T - Thankfulness (감사하는 마음): 작고 소소한 행복에 감사하는 태도가 삶의 질을 높인다

7장 "노년의 삶, 사람과 L.I.N.K.로 이어라"

L - Listen (경청하기): 상대의 말에 귀 기울이는 태도가 관계의 시작입니다.

I - Initiate (먼저 다가가기): 관계는 기다리는 것이 아니라 여는 것입니다.

N - Nurture (관계 가꾸기): 관심과 배려로 지속적인 유대감 형성

K - Kindness (친절한 표현): 따뜻한 말 한마디, 작은 배려가 신뢰를 쌓습니다

8장 "외로움은 C.A.R.E.로 극복하라"

C - Connect (사람과 연결하기): 하루 한 번, 누구든 연락해보세요.

A - Activity (활동 유지): 산책, 취미, 봉사활동 등 꾸준한 움직임이 마음을 살립니다.

R - Routine (생활 리듬 만들기): 일정한 수면, 식사, 활동 패턴이 정서 안

정에 도움 됩니다.

E - Express (감정 표현하기): 글, 대화, 예술 등으로 마음을 밖으로 꺼내 보세요.

9장 "노년에도 S.E.L.F.답게 살아가라"

S - Strength (내면의 강점 발견): 지금까지의 삶이 쌓아온 당신만의 힘을 믿으세요.

E - Expression (자기표현): 말, 글, 취미로 진짜 나를 표현하세요.

L - Lifestyle (나만의 생활 방식): 남이 아닌 내가 편한 삶의 리듬을 만드세요.

F - Fulfillment (삶의 만족과 의미): 하루하루에 소소한 보람을 느끼는 것이 진정한 성공입니다.

지태훈
**고려대명강사최고위 21기
교육회장**

Mobile
010-2285-4757

Email
deux-99@hanmail.net

학력 및 경력 사항
- 숭실대학교 경제학과 학사
- 현 주식회사 일방 대표
- 현 주식회사 비포 대표

강의 분야
- 동기부여, 자기계발, 소통, 건강 등

자격 사항
- 명강의명강사 1급, 기업교육강사자격 1급

수상 내역
- 서울시장기대회우승
- 전국 고등부 대통령배우승
- 전국체전우승

저서
- 고려대 명강사 25시(공저): 120세로 항해하는 유쾌한 인생

CHAPTER 15

120세로 항해하는 유쾌한 인생

인생 62년,
나를 만든 시간

인생의 무게를 실감하는 데 60년이 걸렸습니다.

나는 초등학교 4학년 때부터 축구공과 함께 자랐습니다. 공을 쫓아 달리던 시간은 단순한 운동 이상의 가치를 내게 안겨주었습니다. 승부를 향한 집념, 팀을 위한 헌신, 쓰라린 패배를 견디는 법—그 안에는 삶의 본질이 담겨 있었습니다.

하지만 인생은 언제나 예기치 않은 방향으로 흘러갑니다. 대학교 2학년, 한순간의 부상으로 선수의 꿈이 무너졌습니다. 십자인대 파열로 수술과 재활을 반복했지만, 결국 다시 선수로 뛰기엔 몸이 허락하지 않았습니다.

처음엔 믿을 수 없었습니다. 통증보다 더 아픈 건 '앞으로 아무것도 할 수 없을지도 모른다'는 두려움이었습니다. 병실에서 천장을 바라보며 밤새 울던 날들, 나는 마치 내 존재가 사라지는 듯했습니다. 친구들은 위로했고, 부모님은 현실을 말했지만, 아무 말도 들리지 않았습니다. 한동안 운동화도 보지 않았고, 운동장 근처에도 가지 않았습니다. 그러나 시간이 답이었습니다. 한 달, 두 달이 지나며 생각이 달라졌습니다.

"축구만이 전부는 아니지 않을까?"

처음으로 삶의 새로운 가능성을 생각하게 되었습니다. 그때 좋은 선배를 만났고, 그 인연으로 의류업계에 발을 들이게 되었습니다. 처음엔 아무것도 몰랐습니다. 원단 이름조차 외우기 어려웠고, 고객의 요구는 까다롭기만 했습니다. 영업을 나가면 수없이 문전박대를 당했습니다. 가끔은 "내가 왜 이 일을 하고 있나?" 스스로에게 묻기도 했습니다. 그럼에도 포기하지 않았습니다. 첫 거래가 성사되던 날을 아직도 기억합니다. 작은 주문이었지만, 상대방이 손을 내밀며 계약서를 건네는 순간, 심장이 뛰는 것을 느꼈습니다. 누군가가 내 말을 믿고, 내 노력을 인정해 준 순간이었기 때문입니다. 그때 깨달았습니다.

"성공은 거창한 결과보다, 한 사람의 신뢰에서 시작된다."

그렇게 시작한 의류 사업이 어느덧 25년이 넘었습니다. 브랜드 의류를 OEM 방식으로 해외 공장에서 생산하고 납품하는 구조였고, 늘 글로벌 경쟁 속에서 버텨야 했습니다. 거래처의 까다로운 요구, 생산지의 변수, 환율의 불안정성까지—사업의 세계는 긴장의 연속이었습니다. 실수 하나에 수천만 원이 날아가기도 했습니다. 그럼에도 버티고 살아남을 수 있었던 것은 운동을 통해 길러진 끈기와 인내심, 강한 정신력이 있었기 때문입니다. 축구장에서 쓰러졌다가도 다시 일어났던 그 몸과 마음이, 사업이라는 또 다른 경기장에서 나를 일으켜 세웠습니다.

건강한 몸은 문제를 버틸 힘을,

단단한 정신은 다시 일어설 용기를 줍니다.

그 힘으로 사람의 마음을 읽는 법도 배웠고, 위기의 순간마다 나를 지켜낼 수 있었습니다. "잘할 수 있다"는 믿음은 결국 상황을 바꾸는 힘이 되었습니다. 거창한 성공은 아니었지만, 나는 스스로를 증명했습니다. 내가 어떤 사람인지, 어떻게 살아왔는지. 그리고 지금, 나는 분명히 말할 수 있습니다.

"나는 내 인생을 스스로 만들어 온 사람이다."

축구, 인생 후반전의 전술 -
땀으로 이어지는 웃음

인생 후반전에도 여전히 나는 경기 중입니다. 땀을 흘리며, 웃고, 도전하는 그 순간들이 삶을 더욱 빛나게 만들어 줍니다. 축구는 오래전부터 내 삶의 일부였습니다. 누군가에겐 단순한 스포츠일지 몰라도 저에겐 인생의 활기이자, 마음을 다시 뛰게 해주는 존재였습니다.

운동장을 다시 밟기 시작했습니다. 처음엔 숨이 차고, 몸이 무겁고, 공도 마음처럼 잘 따라주지 않았습니다. 그런데 신기하게도 땀을 흘리는 그 순간만큼은 머릿속의 복잡한 생각들이 사라졌습니다.

"공 하나에 집중하다 보면, 잡념이 사라지고 심장은 다시 박동을 찾는다."

축구는 단지 발로 공을 차는 운동이 아닙니다. 팀워크와 전략, 집중과 인내가 필요한 매우 '인생 같은 운동'입니다. 그러나 나는 몸으로 부딪치며, 사람의 마음을 읽는 법을 배웠습니다. 공을 받아내고, 패스를 연결합니다. 기회를 놓치지 않기 위해 순간을 판단하고, 빠르게 움직입니다. 그 과정은 마치 내 삶을 돌아보는 훈련이었습니다. 나아가야 할 때, 멈춰야 할 때, 동료를 믿고 맡겨야 할 때. 축구는 그런 결정을 반복하게 합니다.

지금도 저는 지역 축구팀의 선수이자 감독으로 운동장을 누비고 있습니다. 같이 뛰는 선수들과 땀을 나누며 젊은 에너지로 충전되는 기분입니다. 몸이 힘들 땐 잠시 멈추지만, 절대 포기하진 않습니다. 이 나이에도 운동장을 누비는 것 자체가 삶의 활력소니까요.

"움직이는 한, 우리는 여전히 경기에 참여 중이다."

운동은 나이와 상관없습니다. 70대든, 80대든, 움직일 수 있는 몸과 의지가 있다면 그 자체로 삶은 활발해집니다. 나이를 먹을수록 몸을 아끼는 것이 아니라, 정성껏 쓰는 법을 배워야 한다고 믿습니다.

"운동은 내 인생 후반전의 전술이다. 움직이고, 호흡하고, 도전하는 한 나는 여전히 경기 중이다."

축구가 없었다면, 저는 더 일찍 주저앉았을지도 모릅니다. 공 하나가, 경기 하나가, 팀원들과의 웃음과 승부욕이 저를 다시 살아 움직이게 했습니다. 혹시 요즘 기운이 빠지고, 마음이 가라앉는 날이 많으신가요? 운동화 끈을 묶고 몸을 조금씩 움직여 보세요. 처음엔 힘들어도, 그 속에서 다시 뛰고 싶은 마음이 생깁니다.

지금도 나는 경기 중입니다. 골도 넣고, 실점도 하지만, 끝까지 뛰는 한 인생은 계속됩니다.

골프, 내 마음을 다스리는 예술 - 취미는 삶을 풍요롭게 만든다

축구가 열정이라면, 골프는 여유입니다. 저는 골프를 통해 마음의 중심을 잡고, 자연과 하나 되는 시간을 즐깁니다. 조용한 필드 위에서 백스윙을 하고, 바람 소리를 들으며 걷는 그 순간만큼은 세상의 번잡함을 잊고 나 자신에게 집중할 수 있습니다.

골프를 처음 시작한 건 단순히 멋져 보였기 때문이었습니다. 그러나 시간이 흐를수록 골프는 저에게 인내와 집중, 그리고 겸손을 가르쳐주는 스승이 되었습니다. 공 하나를 치기 위해 온 신경을 곤두세우고, 실수했을 땐 스스로를 다독이며 다음 샷을 준비하는 과정은 마치 인생 그 자체였습니다.

"골프는 내면을 비추는 거울이다. 흔들리는 마음은 곧 스윙에 나타난다."

골프를 통해 맺어진 인연도 많습니다. 동호회 활동을 통해 만난 분들과 좋은 대화를 나누고, 때로는 비즈니스적 조언도 주고받으며, 골프장은 제게 또 하나의 인생 학교가 되었습니다. 스코어를 따지는 경쟁보다,

함께 걸으며 나누는 대화와 웃음이 훨씬 소중하게 느껴집니다.

〈혼자서도, 함께여도 좋은 골프〉

골프는 때로 혼자만의 시간이고, 때로는 동료와의 교감입니다. 공 하나에 집중하며 걷는 동안, 복잡했던 생각들이 정리됩니다. 자연 속에서 나 자신을 돌아보는 시간이기도 합니다. 반대로 동료들과 함께 라운드를 돌면 그 자체가 소통이고, 즐거움입니다.

〈취미가 준 선물〉

스윙 한 번, 퍼팅 한 번에도 상대의 성격과 마음이 묻어납니다. 함께 라운딩을 돌며 서로를 이해하게 됩니다. 그런 점에서 골프는 관계의 예술이라 할 수 있습니다.

"좋은 취미는 좋은 사람을 남기고, 좋은 하루를 남긴다."

또 하나 좋은 점은, 골프가 일상에 활력을 준다는 것입니다. 몸을 움직이며 자연을 느끼고, 소소한 성취를 경험합니다. 어느새 저도 골프의 매력에 흠뻑 빠졌습니다. 취미가 일상을 밝히고, 사람과의 연결고리가 되었습니다.

〈나만의 페이스, 나만의 방식으로〉

이제는 성적에 연연하지 않습니다. 좋은 공이든, 나쁜 공이든 내 방식대로 즐깁니다. 조급함 대신 여유를, 경쟁 대신 격려를 선택합니다. 이게 바로 저만의 골프입니다.

앞으로도 저는 이 여유를 오래 간직하고 싶습니다. 골프채를 들고 자연 속을 걷는 시간, 그 자체가 행복입니다.

"취미는 삶의 틈을 채우는 온기다. 그 온기가 나를 웃게 한다."

어느 날 문득, 골프공을 따라 걷던 내 걸음이 인생의 속도를 닮아 있다는 걸 느꼈습니다. 빠르지도 느리지도 않게, 나만의 페이스로 가는 길. 그 길 위에서 나는 웃고 있습니다.

나이 들어도 나답게 사는 법 – 은퇴 후에도 내 삶의 중심을 지키는 법

한때는 '일'이 나를 말해주는 전부였습니다. 명함에 적힌 직함, 연봉, 거래처 숫자, 그것들이 나를 증명해주던 시절이 있었죠. 그런데 어느 날 문득, "그거 다 내려놓고 나면 나는 누굴까?" 그 질문이 마음을 파고들었습니다.

〈은퇴는 끝이 아니라 다시 시작이다〉

어느 날, 후배가 내게 이런 말을 했습니다. "선배님이 계셔서 우리가 든든해요." 그 한마디에 울컥했습니다. 역할이 줄어든 것이지, 내 존재가 작아진 것은 아니었습니다. 그때부터 나는 생각을 바꿨습니다. 일을 위한 삶이 아니라, 삶을 위한 일을 하기로요. 무엇이든 의미 있게 살 수 있다면, 은퇴는 오히려 자유를 선물하는 시기가 될 수 있다는 걸 깨달았습니다.

〈취미는 '나'로 돌아가는 시간〉

누구의 눈치도 보지 않고, 오로지 나에게 집중하는 시간. 또 주말마다 소규모 등산모임에 나가며 자연 속에서 소리 없이 걸었습니다. 그 시간들이 내 안의 고요한 행복을 채워 주었습니다. 취미는 결과보다, 나를 위한 시간을 만들어 줍니다. 그게 마음을 살리고, 삶을 더 나답게 만들어 줍니다.

〈나눔은 삶의 온도를 높인다〉

자식들을 키워내고, 경제적 책임이 조금 덜어진 이후 나는 생각했습니다. "이제는 나보다 누군가를 위한 삶을 살아보고 싶다." 처음엔 작은 시작이었습니다. 지역아동센터에서 축구를 가르치고, 청소년에게 진로강연을 하며 내 경험을 나누었습니다. 그 아이들이 내게 와서 "선생님처럼 살고 싶어요."라고 말할 때, 나는 다시 살아있는 느낌을 받았습니다. 돈이 아닌 의미로 보답을 받는 삶, 그게 나이 들어 얻을 수 있는 가장 큰 기쁨 중 하나라는 걸 알게 됐습니다.

〈삶의 마지막까지 '나답게'〉

사람들은 종종 묻습니다. "앞으로 어떤 삶을 살고 싶으세요?" 나는 이렇게 말합니다. "조용하지만 단단하게, 남들에게 좋은 흔적을 남기며." 나이 든다고 해서 꿈이 없어지는 건 아닙니다. 다만 속도가 느려질 뿐, 방향은 내가 정할 수 있습니다. 매일 아침 눈을 떴을 때 "오늘 하루도 내 삶을 살겠다."는 마음으로 살아간다면, 그것만으로도 충분히 값진 인생입니다.

"나이는 숫자일 뿐, 중요한 건 그 나이에 어떤 가치를 품고 살아가는가 이다."

〈120세까지, 웃으며 살아가기 위해〉

100세 시대를 넘어서 이제는 120세 시대를 말합니다. 하지만 수명이 늘어났다고 해서 삶이 늘어나는 건 아닙니다. 어떻게 살아야 할지, 무엇을 놓치지 말아야 할지, 그 방향을 아는 사람이 진짜 '긴 삶'을 사는 사람입니다. 나의 살아가는 방법이 원하는 방향으로 만들어지면서 당신의 남은 인생이 더 웃음 짓고, 더 건강하고, 더 당신답게 흐를 수 있도록 작은 길잡이가 되었으면 합니다.

유쾌한 인생, 행복한 동행 – 웃음으로 삶을 지키고, 함께 걸어가는 기쁨

〈함께여서 더 좋은 인생〉

인생은 혼자가 아니라, 함께 살아가는 긴 여정입니다. 가족과의 저녁 식사, 친구들과의 한잔 술, 동료와 나눈 땀과 눈물, 그 모든 순간들이 인생을 더욱 깊고 단단하게 만들어주었습니다. 특히 60대에 들어서면서, 나는 '함께'라는 단어의 가치를 더 깊이 실감하고 있습니다. 그동안 미뤄두었던 여행을 떠났고, 새로운 취미를 배우며 매일을 새롭게 채워가고 있습니다. 또한, 작은 봉사활동을 통해 사회에 조금씩 보탬이 되고자 애쓰고 있습니다. 함께 웃고, 함께 나누며 살아가는 일 그 자체가 내가 원하는 '행복한 노년'의 모습입니다.

〈유쾌함은 나의 가장 큰 무기〉

나는 웃을 수 있는 사람이 되기로 마음먹었습니다. 지나온 시간, 크고 작은 고비들을 넘으며 한 가지 확신한 게 있다면, 웃음은 삶을 견디게 하는 강력한 힘이라는 것입니다. 억지로 만든 가벼운 웃음이 아니라, 마음 깊은 곳에서 우러나오는 웃음. 사람들의 긴장을 풀고, 분위기를 부드럽게 만드는 웃음. 그건 나에게 주어진 선물 같았습니다. 어떤 자리에 가도, 나는 사람들을 웃게 만들 수 있는 자신이 있었습니다. 그 덕에 좋은 인연이 생겼고, 때론 그 웃음이 신뢰의 다리가 되어 중요한 계약이나 거래가 이어지기도 했습니다.

"인생은 본래 무겁다. 그래서 나는 내 웃음으로 그 무게를 조금이라도 덜어내고 싶었다."

웃음 뒤에 숨은 단단함

사람들은 종종 이렇게 말합니다. "늘 그렇게 밝으시니, 별 어려움 없이 살아오신 것 같아요." 그 말이 틀렸다고 말하고 싶지는 않습니다. 그저 그들이 모르는 이야기가 있을 뿐입니다. 사업을 하며 나는 늘 긴장 속에 있었습니다. 사소한 실수 하나가 신뢰를 무너뜨릴 수 있었고, 예상치 못한 외부 변수들이 밤잠을 설치게 만들었습니다. 경제위기의 터널 속에서는 "이번엔 진짜 끝인가…" 싶었던 날도 많았습니다. 그 무게를 누구에게도 쉽게 털어놓을 수 없을 때, 나는 조용히 운동화 끈을 동여맸습니다. 운동장 위에서, 혹은 골프장 긴 페어웨이에서, 말없이, 묵묵히 걸었습니다. 숨이 찰 때까지, 땀으로 걱정을 밀어냈습니다. 몸이 무너지지 않게, 마음이 꺾이지 않게. 그렇게 나를 다시 일으켜 세웠습니다. 그리고, 또 웃었습니다. 억지 미소가 아니라, "이번에도 버텼다." "다음도 이겨내겠다."는 다짐이 담긴 웃음이었습니다.

내 웃음은 방어막이 아닙니다. 그건 내가 세상에 던지는 선전포고입니다.

"쉽게 보지 마라, 나는 그렇게 약하지 않다."

⟨노년은 웃음으로 채우고 싶다⟩

나이가 들수록, 삶의 속도는 느려졌지만 마음은 오히려 더 자유로워졌습니다. 나는 이제 남들과 비교하지 않습니다. 더 빨리 가지 않으려고 애쓰지 않습니다. 대신, 내 삶의 보폭에 맞춰 웃으며 걷고 싶습니다. 젊은 날엔 성공이 전부였던 내가, 지금은 즐거운 하루가 더 소중해졌습니다. 누군가의 어깨를 토닥이며, 누군가에게 작은 웃음을 주는 것. 그게 나의 '노년의 성공'이라 믿습니다.

120세까지, 웃으며 살아가기 위한 또 하나의 길은 '함께 웃는 것'입니다. 유쾌한 사람 곁에는 사람들이 남고, 그 사람의 삶은 결코 외롭지 않습니다.

인생은 지금이 항해일 뿐이야

- 지태훈

오늘도 멋을 챙긴다

왼손엔 웃음, 오른손엔 여유

기지개를 펴듯

마음부터 먼저 펴고 본다.

"그래, 오늘은 또 어떤 바람이 불까?"

잔잔하면 노래하고,

거세면 휘파람을 불면 되지!

오랜 시간 옷을 짓고, 삶을 지으며

나는 매일 새로워졌고

그래서 지금의 내가

제일 맘에 든다.

운동장에서 배운 리듬감,

영업현장에서 익힌 눈치력,

거기에 인생이라는 양념을 뿌리니

내 하루는 늘 '셰프 특선'이다.

내 계획은 간단해.

120세까지 유쾌하게!

88세까지 현역으로!

그리고 꼭,

멋진 배 한 척을 사서

세상이라는 바다를 항해할 거야.

별이 떠도 좋고

파도가 쳐도 괜찮아.

나는 이미 내 삶의 선장,

내 웃음이 돛이고,

내 진심이 나침반이니까.

자, 오늘도 출항이다.

목적지는 늘 같다.

'재미있게, 나답게, 유쾌하게!'

120세로 향한 미소,
그 마지막 페이지에

어느덧 나는 인생의 후반전을 걷고 있습니다. 젊은 날엔 멀게만 느껴졌던 '노년'이라는 단어가 이제는 내 삶에 깊이 스며든 현실이 되었습니다. 돌아보면, 순탄하지만은 않았습니다. 원치 않은 부상으로 꿈을 접기도 했고, 사업의 세계에서 수많은 고비를 넘기도 했습니다. 수면보다 고민이 더 깊은 날도, 혼자 울음을 삼킨 밤도 많았습니다. 하지만 그 모든 순간을 운동장에서 배운 끈기와, 사람들과 나눈 웃음, 그리고 스스로를 믿는 힘으로 하나하나 버텨왔습니다.

지금 나는 그 시간을 후회 없이 바라볼 수 있습니다. 내가 해온 선택들이 나를 여기까지 데려다주었고, 그 과정에서 나는 자기 삶의 주인이 되는 법을 배웠습니다. 앞으로 남은 시간, 나는 더 많이 웃고, 더 많이 사랑하며, 내 인생의 마지막 페이지까지 미소로 채워가고 싶습니다. 120세까지, 오늘처럼 유쾌하게. 당신도, 내 옆에서 함께 웃어주길 바랍니다.

마지막으로 함께 걸어온 모든 당신에게 감사의 글을 바칩니다. 이 책은 나 혼자의 이야기가 아닙니다. 내 곁을 지켜주고, 때론 나를 일으켜 주고, 때론 말없이 함께 있어준 모든 사람들의 이야기이기도 합니다.

먼저, 평생을 함께해준 가족에게 감사합니다. 무거운 짐을 나누고, 기쁨을 배로 만들며, 내 인생의 중심을 지켜준 사람들입니다. 그리고, 함께 운동장에서 땀을 흘렸던 친구들, 인생의 파도를 함께 건넌 동료들, 작고 큰 순간에 힘이 되어준 모든 인연들께 진심으로 고마운 마음을 전합니다.

또한, 나의 삶을 되돌아보며 이 책을 정리할 수 있도록 도움을 주신 분들께도 깊은 감사를 드립니다. 삶을 돌아보는 일은 때론 어렵고 고된 작업이었지만, 그 과정 속에서 나는 나 자신을 다시 발견할 수 있었습니다. 이 책이 누군가에게 작은 용기, 따뜻한 위로, 그리고 다시 웃어볼 힘이 된다면, 그것만으로도 충분히 의미 있는 마무리라 믿습니다.

고맙습니다. 당신이 내 인생에 있어 주어서.

〈퇴고〉

"이번에도 버텼다. 다음도 이겨내겠다." 그렇게 다짐하며 지은 웃음이었습니다.

내 웃음은 방어막이 아닙니다. 그것은 내가 세상에 던지는 조용한 선전포고였습니다.

개강일

수업 사진

워크숍

공저 과정

소화재 타임